首都经济贸易大学出版资助

中国城市社区发展战略创新研究：影响因素与路径探索

ZHONGGUO CHENGSHI SHEQU FAZHAN ZHANLUE CHUANGXIN YANJIU
YINGXIANG YINSU YU LUJING TANSUO

黄衔鸣 著

首都经济贸易大学出版社
Capital University of Economics and Business Press
·北 京·

图书在版编目（CIP）数据

中国城市社区发展战略创新研究：影响因素与路径探索/黄衔鸣著. --北京：首都经济贸易大学出版社，2020. 10

ISBN 978-7-5638-3136-4

Ⅰ. ①中… Ⅱ. ①黄… Ⅲ. ①城市—社区建设—研究—中国 Ⅳ. ①D669. 3

中国版本图书馆 CIP 数据核字（2020）第 184364 号

中国城市社区发展战略创新研究：影响因素与路径探索
黄衔鸣 著

责任编辑 徐燕萍
封面设计 风得信・阿东 FondesyDesign
出版发行 首都经济贸易大学出版社
地　　址 北京市朝阳区红庙（邮编 100026）
电　　话 （010）65976483　65065761　65071505（传真）
网　　址 http://www.sjmcb.com
E- mail publish@cueb.edu.cn
经　　销 全国新华书店
照　　排 北京砚祥志远激光照排技术有限公司
印　　刷 北京九州迅驰传媒文化有限公司
开　　本 710 毫米×1000 毫米　1/16
字　　数 238 千字
印　　张 13. 75
版　　次 2020 年 10 月第 1 版　2020 年 10 月第 1 次印刷
书　　号 ISBN 978-7-5638-3136-4
定　　价 48. 00 元

序

很高兴有机会为黄衔鸣博士的《中国城市社区发展战略创新研究：影响因素与路径探索》这本书的写序，我想谈谈它的意义。本书的出版是黄衔鸣完成博士论文后更进一步的成就，是在学术道路上不弃不舍、执着追求、不断进步的一个里程碑。今天的年轻学者，在学术道路上的拼搏其实不容易，读博和博士毕业后的一段时间，是他们知识扩展、身体成长、研究打基础、婚姻打基础、生活打基础、工作打基础的多重任务复合压身的时期，能处理好这许多连贯甚至同时出现的挑战，不断在学业上追求和精进，本身就是一个胜利。

本书的研究对象是城市社区发展的战略创新，是一个符合时代需求的重要议题。现代城市一方面是农业文明发展到一定阶段的人口和市场集聚的产物，但更是建立在现代工业和城市技术基础上的新文明。从理论上来讲，城市现代工业城市建立在新的生产力和经济基础之上，有新的政治、科学、道德、文化和艺术特点，是国家治理体系中最活跃、最有能动性、经济产出最高、发展最快、文明程度最高、能让人民生活质量最好的社会管理单元。但在现实中，人力、资源、权利、能力、和市场高度集聚的城市，在给人们带来无限遐想和登峰造极的文明成就的同时，也常常给人们带来意想不到的困惑和灾难，如城市的拥堵、噪音、污染、贫民窟、赤贫等等城市病。城市社区，是广大城市居民的家园和栖息地，是脱离了农耕生活以后的永久家园，是城市生活的基础。如何管理、建设好社区，是所有城市发展中的世界性难题。

“社区”是一个由德国社会学家滕尼斯于1887年提出的描述社会现象的概念，在后来多学科介入的过程中，社区的内涵越来越复杂，难以统一，但一般都认为，社区包括四个基本要素：人（People）、社会关系（Social Interaction），地域（Territory）和社区认同感（Identification）。而“社区发展”的概念则最早由美国社会学家弗兰克·法林顿在上个世纪的1915年提出。到第二次世界大战后，欧洲国家开始战后重建，恢复城市社区。到50年代，联合国等国际组织明确提出“社区发展”的理念，想把社区与经济发展和社会发展联系在一起，通过技术援助等手段，帮助发展中国家的落后地区，实现社区经济、文化、社会进步，提高居民生活质量。发达国家政府也开始倡导社区发展，通过国家政策、非政府组织以及居民自身的力量，消除社会差异，解决一些城市社会问题。

但如何发展和建设城市社区，这一问题并没有完全得到解决。美国作家和城市活动家珍妮·雅各布在60年代初目睹美国城市发展过程中的问题，就写过一本名为《美国大城市的死与生》的书，尖锐地批评所谓理性的“规划者”们在规划和改造旧城社区的过程中强调现代建筑、大道路和千篇一律的标准化、模块化的社区，破坏了原有社区的多样性、自然性、互动性和社会资本，将人们圈在无情冰冷的水泥模块中的现象。她认为，这是城市活力和生命的死亡之路。她提出要优先关注居民的可流动性、社区的多样性，将社区生活与街区和城市本身更有机地结合起来，要让社区大小合适、密度合适、更活跃和多样，社区小而开放等等，从而追求高质量、人性化和丰富的市民生活。迄今为止，她的书依然是关于城市社区建设方面的影响巨大的思考。

进入 21 世纪后，中国在城市化的进程不断加速，到了 2019 年，城市化率已经突破 60%。高速的城镇化进程，导致了基础设施建设和公共服务水平跟不上，社区建设和配套不足等诸多城市问题。如此大规模和高速度的城市化，使得我国城市规划者和城市管理者措手不及，城市理论准备不足，城市规划方法不足，理念和标准落后。城市政策和管理手段的多变，给城市规划雪上加霜。我们到底要什么样的城市？需要什么样的城市领袖？是我在十几年前就出给当年还在读本科的黄衔鸣博士这个班学生的学期论文题目。我非常欣慰她能不忘初衷，一直致力于这一项研究，近年来，中国的主流规划师们也都一直在自问规划和管理界这个问题。

建国以来，中国的城市发展和建设，从追求工业集聚和经济发展、到人口控制、规模控制、古迹保护，改善民生、生态环保建设、追求绿色发展和空间正义到城市群建设，走过了一条漫长的道路。这个过程中，有高歌猛进的城市发展中各种力量的许多博弈——传统思维、理性技术、公共政策和国家的市场化发展的冲动的博弈，城市生活也在繁荣和躁动中挣扎前行。改革开放后，人们开始看到林立的高楼、鎏金的商圈、宽大却拥堵的街道、密集的住宅，还有，被城管追逐到无地藏身的街头商贩。拆迁小区中，有一波一波宣传、规劝和博弈，痛苦的挣扎与殷切的期望同在；城中村成为顽强屹立在闹市中心的不和谐的点缀；城乡接合部混乱地在寻找自己未来的方向；新建高档小区，缺乏人气；大规模的新兴商业小区居民，在充满矛盾的社区博弈中为停车、宠物管理、垃圾分类、秩序维护、邻里和谐、物业管理等无穷尽的琐事烦心。许多百姓虽然收入提高，丰衣足食，但却不得不在拥堵的交通、污染的环境、嘈杂的噪音、裸露的城市地面、反反复复的管网修建中生活多年，苦不堪言。一位年过六十的美国芝加哥大学的知名社会学者，在世纪初第一次来北京，曾对笔者说，“我一直认为，中国是一个高度计划经济的国家，各项工作必然是井然有序，规划严谨。而今天我看到北京的城市建筑的天际线轮廓，才知道中国原来是可以如此自由，一切都有可能发生，包括城市规划的混乱。”我深深知道，规划界的朋友闻言不是大怒就一定会感到委屈，他们每次辛辛苦苦完成的规划，包括城市发展总规，总是会被新的城市发展理念和政策所突破，更不用说违规和钻空子建立起来的各种建筑。一些早期规划的优质思想，城市环形交通和轴面点分布的设计，也在超出规划预期的人口和社区承载力膨胀的高压下失去了光芒。

十八大以来，党中央提出要以民为本，不搞单一 GDP 追求，重点解决发展不平衡、不充分的主要社会矛盾，满足人民对美好生活的向往，各地方政府开始关注社区，努力改善社区环境和百姓的社区生活。各种尝试层出不穷，从一站式服务、网格化管理、物业规制、宠物条例、垃圾分类、社区治理、社会服务组织引入、12345 群众意见收集到党建引领、街巷吹哨部门报到等等，努力改进社区环境，提高城市居民生活质量，取得的成就可以说十分巨大，但遗留的问题依然繁多。最重要的问题是，我国政府分中央、省/市、地/市、县/市和街道/乡镇五级，而社区在五级之外，是最底层“未入流”的一级管理单元。这为民服务的“最后一公里”，缺乏指定的“驾驶员”和有制度化保障的资源支持。更有甚者，由于部门化的垂直管理，如住房建设改造、道路改造、管网改造、电梯加装、绿化和公共空间改造，很多社区解决自我问题需要的权限和资源不在社区，需要没有公职支持的基层干部一再上报，四方求援，许多问题常年得不到解决。基层城乡社区的巨大体量，涉及到的庞大的人群，难以应对的不同需求，需要强大的公共服务能力和优秀的社区人才。我国科举时代退休高官一般会回归故里，成一代乡绅，帮助乡邻发展和激励人才培养与成长，是难能可贵的社区人才。但这一传统，在现代化、城市化的过程中，在基层需求越来越多的时候，反而“仙踪”难觅了。

当然，古人的智慧在当今世界也需要有所创新。老百姓的需求太多太复杂，不是官员能够全面了解和设计的，要提供服务、订立法规、让渡决策权、让百姓参与管理、自我治理，在不断更新需求的同时不断创新基层治理的方法。这就需要能力、知识、智慧、制度设计和人才的开发与使用来发动和团结百姓参与治理，建设美好社区，美好家园。“待到山花浪漫时，他/她在丛中笑”这种平民情怀以及与百姓同乐的状态，或许是新时代超越传统的更高层次的追求。

美好的城市，需要许许多多美好的社区来装点和烘托。如何建设和发展出群星灿烂、各有千秋的美好社区功能，正是本书努力要回答的这一时代的课题。希望本书作者再接再厉，在这一研究方向上继续精进，汇总经验，提炼理论，为国家、为人民提出更多更好的思考和建议，为中华民族共同体的再振兴和世界人民幸福生活做出自己独有的贡献。

蓝志勇

前　言

本书以中国特大城市北京、上海和广州的社区发展为例，通过文献综述、理论梳理和基于问卷调查的实证研究，了解我国社区发展现状与存在的问题，探讨在我国新型城镇化进程的大背景下，有效推动城市社区发展的理论体系、战略政策和实施途径。

现代城市社区是城市的细胞，承载着最基层和最具体的城市活动，是国家治理体系和治理能力现代化的落脚点，是城市基层治理最主要的操作层面，是每位城市居民生产生活活动的所在。什么是社区和城市社区？城市社区的类型和特征有哪些？什么是社区发展？目前我国城市社区发展存在的问题和瓶颈有哪些？影响城市社区发展的因素是什么？同一城市内不同类型的城市社区之间、同一类型的城市社区在不同的城市之间发展现状有哪些差异？如何在战略层面上进一步推动城市社区的持续发展？这些都是在城镇化进程中尚未有明确定论或达成共识，却又亟须解答的问题。本书通过文献综述、理论梳理、数据调研与分析，对这些问题进行了系统研究，尝试为我国未来几十年的社区发展提供理论依据、案例经验和战略设计，为新型城镇化进程中的社区发展建言献策。

城市社区发展在我国新型城镇化进程中有着至关重要的作用和意义，推动社区发展不仅从城市建设、革新等方面对城镇化进程产生影响，也和居民的日常生活、社会经济活动的有序开展有着密切的联系。社区理论不胜枚举，通过对其发展演变的溯源、主要流派的划分以及对社区定义、内涵和类型的综述，本研究对社区进行了界定，认为社区就是指一个特定的地域空间以及居住在这个空间内存在社交关系的人的总合。在此基础上，城市社区即位于城市的社区，分为传统市民社区、单位住宅区、城中村、城乡接合部的边缘社区和新兴商品房社区五类。通过对我国城市社区建设发展（即从单位制向街居制再向社区制的发展演变过程）的回顾，我们可以发现，在经济、社会体制变迁的同时，城市居民生活也发生了翻天覆地的变化。居民与城市、居民与单位、居民与社区以及居民之间的关系都发生了巨大变化，社会职能几经转移，现行的社区制作为基层管理体制更为适合现阶段的发展需求，却也存在一些困境和问题，需要在城市社区发展进程中逐一解决。想要对城市社区发展进行战略设计，则需要先对我国城市社区发展现状进行调查研究。本研究使用一些定量分析方法，以“创新、协调、绿色、开放、共享”的发展理念为调查和分析维度，分城市、分类别、分维度地对案例城市的社区发展现状进行数据分析。通过研究可以发现各项变量在不同城市之间、不同类型的社区之间都有着显著差异。其中北京市整体发展水平较高，社区居民对社区各个维度的发展水平评价较高。依据城市社区类型划分，城中村和城乡接合部的边缘社区发展水平评价较高，传统市民社区的评价较低。在理论框架指导和现实数据分析的基础上，本书尝试给出了以社区类型为分类依据的战略设计。

本书的第 1 章为绪论。本章介绍了研究的背景、意义和研究架构。该章从新型城镇化进程的必然性、城市社区发展的意义以及国家对城市社区发展的重视程度三个层面论述了本研究的时代背景，并列举了本研究的理论和实践意义，同时提出了本研究的主要目的：进行文献梳理，厘清城市社区发展的核心概念和理论，为城市社区发展提供理论借鉴；将城市社区发展与新型城镇化进程的实际需要联系起来，结合社区发展的实地调研数据及其分析结果，探讨社区发展的现状、存在的问题和影响因素，进一步为我国社区发展的战略政策设计提供依据；结合理论与现实，为我国城市社区发展提供政策建议。

本书的第 2 章为文献综述。本章共分为三大部分：先对城镇化与新型城镇化进行研究，借鉴城镇化的基本理论，从城镇化与城市空间布局、城市经济增长、城市人口流动、社会文化变革以及资源环境利用五个方面进行分类研究。通过理论梳理和城镇化发展规律的借鉴，对我国现阶段特征进行准确把握和预测。进一步对与新型城镇化的背景、需求以及与城市社区发展的关系相关的研究进行了综述，为之后的研究打下基础。同时，本章系统地整理了有关社区、城市社区和社区发展的研究，并在此基础上对这三个核心概念进行了界定和分类。同时梳理了社区发展的目标与影响因素的相关研究，为后文实证研究的问卷设计提供了理论借鉴。此外，本章对战略理论以及城市与社区战略研究进行了回顾、整理和总结，为后文的战略设计提供了文献支持。

本书的第 3 章对我国城市社区发展历程和发展战略进行了归纳总结。先回顾我国城市社区发展的历程，讨论城市社区的起源、发展、阶段特征以及不同时期的问题。系统梳理了自中华人民共和国成立后至改革开放和新型城镇化进程快速发展的今天，城市社区的行政建制、组织结构、发展状况、活动特征、管理体制的发展演变。同时整理了自中华人民共和国成立以来有关城市社区的全部政策文件，并根据政策级别、颁布时间和颁布部门进行了分类，提炼了每项政策的核心内容，并对政策体系的演变进行了归纳。

本书的第 4 章是针对我国城市社区发展现状与存在的问题进行的实证研究。本章选取了北京、上海和广州三个非常具有代表性的城市进行了实地调研。通过随机抽样的方式发放、回收问卷，得到了不同城市、不同类型城市社区的居民对其社区发展现状和存在问题的直观感受。在此基础上，对所获得的大量数据进行量化分析，通过描述统计对城市之间和社区之间的发展现状进行了对比，并尝试用探索性因子分析方法对社区发展影响因素进行探索。

本书的第 5 章是本研究的核心。通过对已有的研究进行归纳和讨论，本章在前文研究的基础上，总结了我国城镇化进程所处的阶段，新型城镇化进程中城市社区发展的重要性，尤其是根据已有的定量研究，从城市之间、社区类型之间的发展现状出发，更进一步地分析社区发展所面临的问题与挑战。本章还结合影响社区发展的因素，尝试从指导思想、行为主体、核心举措和应对问题四个维度，根据不同的城市社区类型构建了城市社区发展的战略设计。

本书的第 6 章归纳了本研究的结论与展望。第一，再次总结和强调了社区发展在我国新型城镇化进程中的重要作用，明确了社区、城市社区、社区发展的概念、内涵以及分类，突出了战略对城市社区发展的意义；第二，本文梳理了我国城市社区建设和发展的主要历程，概括总结了各阶段特征和问题；第三，比较分析了国内外不同时期、不同经济和政治状况、不同类型的社区所实行的发展战略；第四，以数据为依托，对城市之间的社区发展水平，城市类型之间的社区发展水平差异进行了分析总结；第五，通过数量分析方法，探讨了影响社区发展的因素；第六，结合理论与现实，讨论了新型城镇化进程中我国城市社区发展的战略构想，提供了政策建议，同时也列举了本研究的不足。

本书在以下方面做出了贡献。

第一，在概念和定义方面，本研究从城镇化和新型城镇化的概念和内涵出发，系统梳理了城市社区、社区发展和战略的概念及理论体系，结合“创新、协调、绿色、开放、共享”五大发展理念，提出了分析和评价城市社区发展的指标体系，并对由 5 个维度、12 个变量、40 个问题所构成的城市社区发展现状评价体系进行了界定和分析，以期更好地把握新型城镇化进程中城市社区发展的核心要义。

第二，在研究内容方面，本研究从宏观和微观两个层面对我国城市社区进行了研究。在宏观层面，本研究回顾了我国城镇化进程中，城市社区的产生、发展和演变，总结了发展过程中的阶段特征。此外，以与城市社区相关的国家政策为研究对象，对其进行了搜集、整理和分析，挖掘了政策的内容、重点及其变化趋势，为我国未来的城市社区发展提供了经验。同时，本研究从微观层面，对一些有代表性的样本社区进行了具体研究，希望能以点代面，了解和把握我国城市社区的现状和存在的问题。

第三，在研究方法方面，本研究采取了理论借鉴和实地研究相结合的方式，尤其是在如何对城市社区发展水平进行测量、评价和对比分析方面，进行了创新。城市社区是一个较小的城市组成部分，同时又和城市居民、社会组织、各级政府等多个主体单位联系紧密，在不同的社区类型、城市之间，因经济和社会的发展情况不同，其发展水平会有很大差异。然而由于统计尺度过小，变化较快，我国尚未有全国统一的以城市社区为对象的客观统计指标体系，在普查数据或专项数据中，以社区为单元的统计数据也很少。然而了解社区发展现状与存在的问题，是为其进行战略设计，更好地推动城市社区发展的关键。本研究首先在从基本理论层面，对城镇化、城市社区和社区发展进行了描述和界定，明确了将居民对其所在社区的综合评分作为一项评价指标，以整体描述社区的发展水平。在此基础上，借鉴相关理论和遵循社区发展内涵、影响因素的基本逻辑，结合我国的经济、社会和城市现状，以“创新、协调、绿色、开放、共享”为主导思想，设计社区发展评价模型和问卷。在此基础上，对北京、上海、广州共 5 种类型的 15 个社区进行了问卷调查，并运用多种数据分析方法对调查数据进行比较分析。利用描述统计和方差分析的方法对城市之间、社区类型之间的社区整体发展水平，同一社区类型不同城市之间、同一城市不同社区类型之间的社区发展进行了对比分析，并用探索性因子分析对影响社区发展的主要因素进行了提取。最后，从研究的视角分析，本研究紧密结合我国改革发展所面临的重大问题，顺应城镇化发展的基本规律，把握新型城镇化发展脉搏，从城镇化理论、社区发展理论以及战略理论出发，对我国社区发展的历程、政策、现状、存在的问题和影响因素展开了研究。一方面，本研究旨在理论联系实际，讨论我国城市社区发展的未来路径；另一方面，也希望通过实证研究，丰富我国城市社区研究的领域和内容。

未来几年将是我国新型城镇化进程的关键时期，随着该进程的不断推进，城市社区的重要地位和即将发挥的作用将愈发凸显。这就需要国家明确各层级的职责定位，为社区发展提供良好的战略指引和政策依托；充分借鉴理论文献和国际先进经验，结合我国的实际发展情况，探索出适合我国城市社区发展的道路。

目　录

1

绪　论

半个多世纪以来，我国在政治改革、经济建设、社会文化等方面都取得了巨大进展，对每个居民个体、国家乃至全世界都产生了极为深远又意义重大的影响。其中，史无前例的城镇化进程尤为突出。中国经济正在从高速增长降温，从高速增长的状态转向了中高速增长，这个趋势今后可能还要继续，可能还会进一步变成中速增长；另外，中国经济的发展正在从规模速度型的粗放增长，转向质量效益型的集约增长（吴敬琏，2015）。要提高中国城市发展水平，必须从根本原因着手，放弃在资金稀缺的条件下进行资本密集产业上的赶超。根据中国要素禀赋结构的特征，按照比较优势的原则，大力发展劳动密集型的产业，才能增加非农户就业机会，促使农业人口比重下降（林毅夫，2002）。与此同时，我国城镇化所面临的问题，其根源还是新型城镇化与全面深化改革关系的问题：城镇化在现代发展中的地位和作用；传统城镇化问题的根源以及如何依靠全面深化改革来推进新型城镇化（吴敬琏，2014）。因为其涉及数以亿计的人口自农村向城市以及在城市之间和区域之间的流动，并由此给我国带来了经济发展、社会结构调整、行政管理体制、基础设施完善等方面的巨大挑战（方创琳，2009；顾朝林，2004；孙中和，2001）。为了不断推进现代化和城镇化持续稳步前进，保持经济健康增长，推进产业结构转型升级和区域协调发展，进而促进整个社会的全面进步，我国在国家战略层面上多次提出要实践以人为本，注重资源环境经济可持续发展，致力于城乡、区域间协调统筹，以创新、绿色、开放、协调、共享为发展思想的新型城镇化进程（国民经济和社会发展第十二个五年规划纲要，2011；国家新型城镇化规划，2014；中国共产党第十八届中央委员会第五次全体会议，2015）。本研究致力于在此发展思想指引下，立足我国的城市发展实际，以城市社区为研究对象，讨论新型城镇化进程中城市社区发展的现状、存在的问题，并借鉴国内外先进的理念和经验，在战略层面为城市社区发展提供建议。

1.1 研究背景

1.1.1 当前我国新型城镇化进程面临的机遇和挑战

城镇化（Urbanization）进程是影响21世纪人类发展进程的关键因素之一，是人类社会发展的必然趋势，指的是工业革命以来乡村变为城市的复杂过程，即生产力进步所引起的人们生产方式、生活方式以及价值观念转变的过程，具体反映在人口集聚、经济发展、城区扩展、景观变化、基础设施和社会服务改善、生活质量提升等方面（李克强，2012；温铁军，2000）。对这一概念进行回顾和综述可以发现，较早提出城镇化这一概念的代表学者包括马克思，其在《政治经济学批判》一书中讨论城市发展、城乡分异时提出了这样一个理念：历史的变迁体现在城乡之间的差异与流动，在过去是“城市乡村化”，如今随着现代化的推进则呈现“乡村城镇化”的现象。而城镇化的定义，作为城镇化理论的核心内容，在不同学科的讨论中也有明显的侧重和分异。比如在地理学研究中，城镇化研究更多地关注资源、环境的结构变化等，更强调区位在城镇化中的要义，多认为城镇化伴随着生产力的发展，社会分工不断调整，产业聚集现象不断出现，会产生一种在具有特定区位条件的空间中同一或相关产业的现象，并随着生产活动的发展不断调整，即产业聚集和分布在区位上不断调整。这样一个过程就是城镇化过程（克里斯塔勒，1998；韦伯，1997；周一星，

1995）。在人口学领域，更强调“人口城镇化”，一方面城市人口增加，包括农村人口向城市的涌入和城市人口的自然增长，另一方面是城市数量的增长及其引致的城市人口的增加（Presssat et al.，1998；李文溥等，2001；李辉，2003）。在经济学领域，通常也以城市经济为核心，讨论经济发展与城市的关系及相互影响。城市作为非农业生产活动的所在地，是第二、三产业聚集和发展的地方，并以此衍生出城市功能和居民的日常活动。城市在空间上也因经济活动的不同存在分布差异（刘镇，2013；孙祁祥等，2013；朱丽萌，2006；李秀敏等，2007；程莉等，2014）。社会学领域对城镇化的讨论则聚焦于城市生活方式及其产生、扩散、消亡、转变的过程。从社会发展的角度来看，城市是更为先进的生活方式的发源地和聚集地，随着经济、社会的发展，人们不断被更高级、更先进的生活方式吸引，并努力创造条件向更好的生活方式所在地迁移。这就形成了农村居民向城市迁移，小城市向大中城市迁移的现象。与此同时，城市的一些先进思想和理念也会向乡村地区渗透和扩散（夏建中，2002；邓伟志，1999；戈特迪纳等，2011）。

尽管各学科在对城镇化的研究中各有专攻，但同时也有许多学者综合了多学科的视角对城镇化的内涵和表现予以界定。路易斯·沃斯（Louis Wirth）认为城镇化意味着农村生活向城市生活全方位转变的过程，涉及生活习俗、日常行为，也包括空间规划、管理制度和管理方法等。在其看来，城市不仅应当为居民提供工作岗位和居住环境，同时也应当通过信息传播、现代交通等方式影响居民的生活习惯（Wirth，1938）。美国学者弗里德曼对城镇化概念的理解非常全面，他将城镇化视为一个过程，这个过程包括两个层面：其一是人口和非农业经济生产活动在城市地域内集聚，非城市型景观向城市型景观转化的地域不断扩展的过程；其二是城市型生活方式、文化氛围以及价值观念在农村区域的扩散过程（Friedmann，2008；Friedmann et al.，2009）。

诸多学科和学者对城镇化的定义和内涵予以定义和解读，城镇化理论繁多，包括区位理论、二元结构理论、非均衡增长理论、新城市主义理论等（周一星，1995；许学强等，2003；谷荣，2007）。我国学者对城镇化的研究也更侧重于我国实践经验和需求的结合。对城镇化概念的界定也体现了理论联系实际的特点。《城市规划基本术语标准》中指出："城市化是人类生产与生活方式由乡村型向城市型转化的历史过程，主要表现为乡村人口向城市人口转化及城市不断发展和完善的过程"（中国建筑工业出版社，1999）。叶裕民教授认为，城市化是由传统的农业社会向现代城市社会发展的自然历史过程。它表现为人口向城市集中，城市数量增加、规模扩大以及城市现代化水平的提高，是社会经济结构发生根本性变革并获得巨大发展的空间表现（叶裕民，2001）。

我国的城镇化进程在速度和规模上都创造了历史之最。根据统计数据分析，我国城镇人口自 1949 年的 5765 万人增长至 2017 年的 81347 万人，是建国初期的 14 倍。此外，我国城市建制（包括地级市和县级市）数量也呈现出先快速增长后稳定的发展趋势。自 1978 年至 1994 年，我国城市数量从 190 座增长至 619 座。在其后的 20 年间，城市数量略有起伏但整体稳定，截至 2017 年，我国共有 657 座城市，基数量约为改革开放初期的 3.4 倍。

回顾我国城镇化的发展进程，由于不同时期的经济社会基础和发展需求不同，受国家政治、经济体制、社会动荡、城镇化及相关政策的综合影响，我国城镇化进程也历经了几个不同的阶段，有着明显的时代特征（王建军等，2009；周一星，2006）。其中代表性的阶段划分观点认为：在建国初期至20世纪50年代末为城镇化进程的起步阶段，在这近十年的时间内，国民经济逐渐复苏，人口迁移不受政策或户籍限制，随着国家经济建设项目的开展，也有大量农民进入城市。第二个阶段为20世纪50年代末期至80年代初期，这一阶段的城镇化进程在略有波动的情况下保持增长。本时期国家政策在城镇化进程中发挥了巨大作用，自然环境因素影响也十分明显。"大跃进"运动、自然灾害、"文化大革命"运动都使得城市人口有大幅度的波动，这一时期户籍制度管理也更加严格，在这些因素的共同作用下，城镇化率产生了波动，但整体上保持了一定的增长。在此之后，自20世纪80年代以来，我国城镇化率稳步快速增长。这一时期的城市数量、城镇人口都急剧增长，且速度极快。国家也日益重视城市建设和发展，相继出台和实施了许多相关政策。随着城镇化进程的不断推进，城市发展一方面收获了各个领域的成果和进步，另一方面也不得不面临越来越多的问题和挑战（方创琳等，2008；王建军等，2009）。

城镇化是中国现代化进程中一个基本问题，是一个大战略、大问题。特别是在国际经济环境发生深刻变化、我国进入中等收入国家行列以及面临经济下行压力的新形势下，我们要按照贯彻落实科学发展观的要求，深入研讨城镇化科学发展的问题，这很有必要，意义重大（李克强，2012）。随着我国政治、经济、社会的全面发展进步，我国已经进入全面建成小康社会的决定性阶段，经济发展面临着结构转型升级、社会发展面临全面深化改革、城镇化进程也面临着继续深入推进的需要。《国家新型城镇化规划（2014-2020年）》指出，要认识城镇化对经济社会发展的重大意义，把握机遇，研判趋势特点，妥善应对城镇化所面临的风险和挑战。这需要我们立足历史经验和现实情况，讨论城镇化对我国各方面的影响，把握新型城镇化的含义、特征、问题、影响和发展需求。

自2012年，我国城镇化率便已突破50%，城镇化率持续增长。飞速的城镇化进程取得了举世瞩目的成就：城市成为经济发展的重要平台，是先进生活方式、价值观念的载体，在完善基本公共服务的提供、基础设施的建设和居民生活质量提高等方面有显著成果（杨瑞龙，2005）。但与此同时，我国的城镇化进程也带来了许多问题、面临着诸多挑战。在发展协调方面，区域间、城市间、城乡间的经济社会发展水平差异愈发明显，部分地区的城市集聚效应并未完全得到发挥（陆大道等，2007；温铁军，2000）。在城市建设方面，许多城市的建制规模和空间布局不甚合理，对土地、矿产、森林等自然资源过度开发利用，城市发展的可持续性面临巨大挑战（刘晓丽等，2008；陆大道，2007）。在社会管理方面，城市人口快速增长使得许多新进入城市或进入新城市的居民存在社会融入问题，基本公共服务的提供和分配也略显吃紧，尤其体现在进城务工的农民上（刘金发，2014；徐学初，2012）。在城市的文化传承等方面也存在问题，一方面由于许多有历史承载意义的建筑被破坏，另一方面在快速的城市建设中缺乏人文精神的培育和体现。这些问题都很大程度上归咎于我国在推进城镇化过程中战略政策的滞后和局限，既有的行政管理或社会管理制度的不健全，如严格的户籍制度、社会保障制度等（陈少峰等，2014；齐骥，2014）。

城镇化进程是一个涉及广泛、影响深远的复杂过程。我国的城镇化由于其规模和速度的独特性，在全世界都产生了深远的影响。与此同时，城镇化也面临着国内外的巨大挑战。首先，随着我国人口结构的不断变化，老龄化程度日益严重，农村剩余劳动力越来越少，人口要素驱动的经济和城镇化进程的可持续性逐渐减弱。同时，对自然资源的过度利用，尤其是在城市经济中占主导地位的工业带来了巨大的环境成本。同时，在纷繁复杂的国际形势面前，如何保持和提高城市发展的质量和国际竞争力，也是城镇化进程中面临的重要挑战之一。这就需要我们在实现城镇化的过程中注重实现工业化、信息化、城镇化的协调互动，以科技创新和进步来带动城市发展、缩小城乡差距；坚持绿色、环保的发展理念，协调发展人口、经济、资源和环境；坚持以人为本，切实考虑城市居民的实际需求，注重传承和发扬优良的城市文化，培育健康的价值观念，注重城镇化进程中社会管理和服务的完善和创新（仇保兴，2011，2013；倪鹏飞，2013；单卓然等，2013；张占斌，2013）。

在这样的成就和挑战面前，如何全面推进城市的可持续发展，保证城镇化进程科学、稳定、全面，也成为党和国家以及全体居民都非常关注的问题。2003 年 10 月，中国共产党第十六次全国代表大会上提出新型工业化战略，指出推动城乡一体化可以依托产业融合（中国共产党第十六次全国代表大会，2002）。2012 年 11 月，中国共产党第十八次全国代表大会上的报告提出：坚持走新型工业化、信息化、城镇化、农业现代化道路，推动信息化和工业化深度融合、工业化和城镇化良性互动、城镇化和农业现代化相互协调，促进工业化、信息化、城镇化、农业现代化同步发展。2017 年中国共产党第十九次全国代表大会上的报告进一步提出：以城市群为主体构建大中小城市和小城镇协调发展的城镇格局，加快农业转移人口市民化。

新型城镇化对传统意义上的城镇化传承和创新，新型城镇化仍然是一个城镇人口增长、城镇规模扩大、先进产业的集聚以及城市文化培育发扬的过程。而新型城镇化的创新在于其坚持“以人为本”的核心思想，注重区域、城乡的统筹发展，注重资源集约和环境保护，也要处理好政府、市场以及社会之间的关系。努力实现城镇化水平和质量的提高、格局的优化、模式更加合理以及生活更加舒适宜人，并完善城镇化的管理体制和政策体系。新型城镇化的考量指标涉及城镇化水平、基本公共服务、基础设施和资源环境四个方面，这也指引着我国新型城镇化进程的努力方向。

整体而言，我国城镇化进程进入了一个关键阶段，新型城镇化是未来实践的必由之路（仇保兴，2013；张占斌，2013）。推进新型城镇化需要我们一方面借鉴已有的先进理论和现实经验，另一方面把握现实情况，探讨如何有效解决城镇化的各项问题以及推进新型城镇化不断持续前进是我们应当关注并研究的问题。

1.1.2　城市社区发展具有重要的意义

社区是城市活动的载体，与每个居民、组织以及整个社会的生产生活息息相关，具有许多鲜明的特征，比如：城市社区人口集中，密度大，人来车往，楼房林立，街道纵横。大城市更是灯红酒绿、商贾云集。人们常用“繁华”来形容城市的景象，这反映了城市社区人口的集中，它是城市不同于乡村的一个显著特点（周小萍，2004；许学强等，2003）。此外，城市是人类非农性质的社会及经济活动的产物，是政治、经济和文化的中心，城市的社会经济活动需要能够容纳大规模、高密度的人口，而城市社区则是这些人口的承载。我国是一个人口大国，城市社区不仅人口规模大，而且人口密度高。北京、上海、广州等城市的人口规模和密度都位于世界城市前列（蒋涛等，2009；周小萍，2004；李晓琴，2007）。城市社区在经济发展、人口情况、基础设施等方面都有明显特征，这些特征使得城市社区的全面发展在城镇化进程中发挥着关键作用。

城市是经济活动的集中地，其中社区经济更以第二、三产业为主体，商品经济发达。其中尤其以加工业和服务业为主，这两种产业的组织体系和运作过程较传统的农业生产活动都要复杂许多。对人力、资本、原材料等资源有着很高的要求，同时此类经济活动的生产、流通和消费过程都更多地集中在城市中。此类经济活动的决策、管理以及反馈调整也非常复杂且变化多样。这些都使得城市经济，尤其是工业革命后的市场经济的主要场地为城市社区（段丹等，2002；陈树文等，2005；林凤祥，2003；高连克，2005）。随着城市经济的不断发展，人们在生产、生活等方面的实际需求也不断发生变化，以基层社区为单位，以本社区成员为主体，以满足社区居民的需求为目标的生产、生活服务经济出现，这就是社区经济的主要部分。社区经济是城市经济的重要组成，它从自身基本服务供给出发，不断地扩展完善，成为关系到城市发展和城市社区发展的重要内容。此外，城市社区居民在年龄、户籍、职业、收入、受教育水平等方面差异显著，人口的异质性非常强。社区内和社区间的阶层结构和职业分化都比较充分，组织化程度较高。与复杂的社会经济活动相适应，城市社区的科层组织也更为普遍。与此同时，由于社会政治、经济、文化活动的集中，社会矛盾冲突复杂，社会的开放程度大，所以存在着大量不同阶层之间的社会流动和地域空间上的人口流动现象。城市中家庭和血缘关系在社会关系中的地位与作用远不如农村那么重要，人们之间的社会交往更具业缘性。

城市社区居民人际交往面宽。同时，大规模、高密度的人口聚集使人们无法详知周围每位居民各方面的情况（夏建中，2002）。在基础设施方面，城市社区设备相对完善，公共服务水平较农村地区更高。城市是一定区域内的政治、经济和文化中心，对其所运作的设施，包括国家管理和社会管理设施、城市运行的基础设施、卫生、教育、文化娱乐设施等都有较高要求，而这些设施的功能发挥则都以社区为基本层面（叶裕民，2001；倪鹏飞，2013）。

正由于城市社区具备以上特征，城镇化过程中出现的先进成果和城市问题更是在城市社区有集中体现。尤其是我国改革开放以来，快速的城市化进程为城市社区生活带来了越来越多的可能。一方面有更多的城市居民、更强大的经济力量、更先进的技术条件，另一方面也有环境污染、交通拥堵、邻里陌生等问题（温铁军，2000）。城市社区的建设和发展是我国新型城镇化的基础，更需要我们应用前沿的理念、科学的方法来探索和实践适宜的发展路径。新型城镇化的推进如何以城市社区为载体，城市社区发展应该致力于哪些问题，进而作为新型城镇化中的一部分推动整个城市、社会以及国家的持续发展，是本研究所关注的核心问题之一。

1.1.3 国家对城市社区发展日益重视

我国的快速城镇化进程带来了许多的成就和挑战，新型城镇化又为城市社区发展提供了发展的大方向。城市社区发展成为我国上至政府、下至社区居民越来越关注的关键问题。国家对城市社区发展重视程度日益提高，其中近年来尤其凸显。2000年，中共中央办公厅、国务院办公厅下发《关于转发〈民政部关于在全国推进城市社区建设的意见〉的通知》，标志着我国推进社区发展、社区建设的思路基本成型，随后城市社区建设被纳入国家“十五”计划。社区发展之所以受到国家重视，是因为社区在城镇化进程和社会发展、进步中具有非常重要的作用：如基层管理、承担社会职能、组织文化教育事业等。在2014年3月16日，《国家新型城镇化规划（2014—2020年）》颁布实施。其中在社区自治、社区养老服务、社区卫生、农村家庭的社区融入、城乡接合部的社区化、社区组织建设方面都有部署。2015年11月3日《中共中央关于制定国民经济和社会发展第十三个五年规划的建议》发布，提出要推进以人为核心的新型城镇化。2015年12月20日，中央城市工作会议再次召开，会议精神为当前和今后的城市工作提出了指导思想：全面贯彻党的十八大和十八届三中、四中、五中全会精神，以邓小平理论、“三个代表”重要思想、科学发展观为指导，贯彻创新、协调、绿色、开放、共享的发展理念，坚持以人为本、科学发展、改革创新、依法治市，转变城市发展方式，完善城市治理体系，提高城市治理能力，着力解决城市病等突出问题，不断提升城市环境质量、人民生活质量、城市竞争力，建设和谐宜居、富有活力、各具特色的现代化城市，提高新型城镇化水平，走出一条中国特色城市发展道路。

从国际经验来看，政府对社区发展的重视也至关重要。依据发达国家的城镇化经验，随着社区作用的日益体现，社区发展也从自发行为向多元合作转变。其中居民、企业、非营利组织的通力合作意义重大，同时政府在政策环境、制度规划、资源支持等方面发挥了巨大作用（王思斌，2000；张更立，2004）。社区是解决城市发展问题和社会矛盾的出发点和归结点，联合国也反复强调了社区的重要性。

我国从战略政策层面发布了许多城市社区发展方面的指示和研究成

果，明显地体现出社区发展的重要地位、意义和作用。这更需要我们在推进城市社区健康持续的发展中，合理、有效地使用政策工具。随着对经济、社会、城市、资源、环境的现实与发展需要认识的不断深入，已经制定并实施了许多可持续发展的相关政策。这更需要我们在已有的良好基础上，借鉴先进的理论，为我国未来的城市社区发展构建一个科学的政策体系和战略设计。

1.2　研究意义与贡献

本研究在考察城镇化规律、新型城镇化的内涵与特征以及城市社区发展要义的基础上，讨论城市社区发展的历史、现状、存在的问题、对策以及发展战略。致力于实现理论层面上的归纳、总结与创新，在实践层面上构建战略设计，为城市社区发展建言献策。

1.2.1　研究意义

第一，城市社区发展战略研究有助于把握我国城镇化发展现状，将新型城镇化的发展理念具体化。进行城市社区发展研究，首先应当对城市社区的所在——城市的发展规律有所认知和了解，在熟悉和把握我国城镇化历程的基础上，遵循城镇化发展的一般规律，了解城市的发展阶段特征，根据理论和文献，对城市现阶段普遍面临的空间布局、经济增长、人口流动、文化变革以及资源环境利益的问题，综合掌握城市与城市社区在人口、经济、环境、文化等各个方面的现状和发展需求，进而对新型城镇化的内涵、目标以及特征有更深刻的认识。通过对城市研究的理论梳理，能够更好地对城市的有机组成部分——社区进行更深入的探索。城市社区发展会为新型城镇化进程发挥巨大的作用，而新型城镇化也为城市社区发展提供了新的动力、目标和要求。城市社区发展面临哪些问题，问题的根源和对策，城市社区发展的目标、战略和路径都是关系城市发展和新兴城镇化进程推进的关键。在此基础上，本研究将在理论层面上进一步分析现有阶段下我国城市社区发展的机遇与挑战，尤其是对新型城镇化进程中我国社区发展的作用、意义、目标等方面进行深入研究，进一步讨论新型城镇化和社区发展之间的互动关系。

第二，城市社区发展战略研究有助于丰富和完善符合我国城镇现状的社区理论。回顾我国的城市社区发展历程，具有非常鲜明的特征。我国城市社区的形成和发展都具有时间短、速度快的特点，对城市社区的理论研究起步也较晚，但发展迅速。我国的社区研究包括：讨论社区的规划、建设，社区的管理、治理，社区服务、养老、教育等。这些研究都是从具体的领域出发，关注社区的各专业部分，以“社区发展”为主题、为核心的研究相对较少。社区发展对城市发展而言，是城市发展的微观体现；对城市社区而言，则是一个涉及社区方方面面的较为综合的研究。我国的城市社区在半个多世纪内就经历了从无到有，从单位制到街居制再到社区制的转变，城市和社区也在经历日新月异的变化，社区发展也处于探索阶段。因此以社区发展为主题的，适合我国城市和社区现状的研究的重要性便凸显出来。据此，本研究希望可以不断深化对社区、城市社区和社区发展的理解和讨论，结合对社区发展的实地调研，准确地描述和归纳我国城市社区的现状、特征和存在的问题，对我国城市社区相关研究予以丰富和完善。

第三，本研究希望可以提高对城市社区发展现状与存在问题的认识。城市社区是城市的有机组成，承载着居民日常生产生活的方方面面。研究城市社区的发展，首先要对其现实状况有准确的认识和把握。我国城市社区发展的现有水平怎么样？社区居民是否满意？社区发展存在着哪些主要问题？可以在哪些方面有所改善？可以提炼出哪些影响社区发展的因素？这些都是具有重要意义，又尚无定论、亟待解决和讨论的关键问题。只有深入到城市社区中，对社区发展的现状进行观察、询问、探索、研究，才能真实准确地掌握城市社区发展的现状和存在的问题。本研究以北京、上海和广州3座非常具有代表性的城市为例，在对城镇化理论、社区理论进行借鉴的基础上，以“创新、协调、绿色、开放、共享”的发展理念为五大基本维度，以社区类型为划分，对3座城市的15个社区进行了实地考察和问卷调研，真实地分析城市社区的基本情况、居民感受以及发展现状和存在的问题。在获取大量一手数据的基础上，针对数据特征和研究问题，对样本社区的基本情况、居民情况、发展情况进行了统计，进行了城市之间、社区类型之间的对比分析，并利用数量分析工具，对影响社区发展的因素进行了检验和探索。

第四，本研究能够增强城市居民的社区意识，引导公众更为全面地认识城市社区发展。希望通过对社区发展现状的描述、问题的梳理以及战略的设计，强调城市社区之于城市发展、之于居民生活的重大意义。居民是城市社区的主体，是社区发展的重要主导者、参与者和受益者。居民的社区意识增强，可以帮助居民更清楚地了解社区现状与存在的问题，更准确地表达诉求，更科学地寻求帮助或采取行动。同时，社区发展是和居民个体、社会组织以及政府机构密切相关的一项重要实践。全面地学习和借鉴社区发展的理论、经验，了解社区发展的现状、存在的问题、今后的目标，将有利于各个主体创新思想和行动，为社区发展贡献力量。

1.2.2 研究的创新与贡献

第一，在概念和定义方面，本研究从城镇化和新型城镇化的概念和内涵出发，系统梳理了城市社区、社区发展和战略的概念及理论体系，结合“创新、协调、绿色、开放、共享”五大发展理念，提出了分析和评价城市社区发展的指标体系，并对由5个维度、12个变量、40个问题所构成的城市社区发展现状评价体系进行了界定和分析，以期更好地把握新型城镇化进程中城市社区发展的核心要义。社区、社区发展、社区发展战略都是涉及广泛、与时俱进的复杂概念，尤其是社区发展较为综合，既涉及城市、社区、组织、居民等与社区有关的多重主体，又涉及政治、经济、文化等多个维度。在对其评价和分析的过程中，如何对社区发展进行构念化并依托不同的指标进行描述则非常关键，已有研究对此问题的研究也并不成熟。由此，对社区、社区发展、社区发展战略的概念予以梳理和明确，对社区发展的内涵予以构念并进一步通过指标进行评测，是本文的主要创新和贡献之一。

第二，在研究内容方面，本文从宏观和微观两个层面对我国城市社区进行了研究。在宏观层面，本文回顾了我国城镇化进程中，城市社区的产生、发展和演变，总结了发展过程中的阶段特征。此外，以与城市社区相关的国家政策为研究对象，对其进行了搜集、整理和分析，挖掘了政策的内容、重点及其变化趋势，为我国未来的城市社区发展提供了经验。同时，本文从微观层面，对一些有代表性的样本社区进行了具体研究。希望能以点代面，了解和把握我国城市社区的现状和存在的问题。

第三，在研究方法方面，本研究采取了理论借鉴和实地研究相结合的方式，尤其是在针对如何对城市社区发展水平进行测量、评价和对比分析方面，进行了创新。城市社区是一个较小的城市组成部分，同时又和城市居民、社会组织、各级政府等多个主体单位联系紧密，在不同的社区类型、城市之间因经济、社会的发展情况不同，其发展水平会有很大差异。然而由于统计尺度过小，变化较快，我国尚未有全国统一的以城市社区为对象的客观统计指标体系，在普查数据或专项数据中，以社区为单元的统计数据也很少。然而了解社区发展现状与存在的问题是为其进行战略设计，更好地推动城市社区发展的关键。本研究首先在从基本理论层面，对城镇化、城市社区和社区发展进行了描述和界定，明确了将居民对其所在社区的综合评分作为一项评价指标，用以整体描述社区的发展水平。然后，借鉴对社区发展内涵和影响因素的相关理论和基本逻辑，结合我国的经济、社会和城市现状，以“创新、协调、绿色、开放、共享”为主导思想进行了社区发展评价模型和问卷设计。最后，对北京、上海、广州共5种类型的15个社区进行了问卷调查，利用描述统计和方差分析的方法对城市之间、社区类型之间的社区整体发展水平，同一社区类型在不同城市之间、同一城市不同社区类型之间的社区发展进行了对比分析，并用探索性因子分析对影响社区发展的主要因素进行了提取。

第四，从研究的视角分析，本研究紧密结合我国改革发展所面临的重大问题，顺应城镇化的基本规律，把握新型城镇化发展脉搏，从城镇化理论、社区发展理论以及战略理论出发，对我国社区发展的历程、政策、现状、存在的问题和影响因素展开了研究。一方面，本研究旨在理论联系实际，讨论我国城市社区发展的未来路径；另一方面，也希望通过实证研究，丰富我国城市社区研究的领域和内容。

1.3 研究架构

1.3.1 研究目的

本研究的主要目的在于：进行文献梳理，厘清城市社区发展及其战略的核心概念和理论，为城市社区发展提供理论借鉴；将城市社区发展与新型城镇化进程的实际需要联系起来，对国内外主要的城市社区发展战略思想进行总结借鉴，结合社区发展的实地调研数据及其分析结果，探讨社区发展的现状、存在的问题和影响因素；结合理论与现实，依据不同的社区类型及发展需要，为我国城市社区发展进行战略设计和提供政策建议。

1.3.2 研究问题

研究问题指的是对于有争议或者大家缺乏了解的领域或知识，通过研究过程将这些问题弄清楚，或者为未来的研究打下一定的基础。研究问题通常可以用一个或者一系列问题的表述或论断（Statement）来表达（范柏乃等，2013）。根据文献综述，结合我国经济、社会、城市的发展特点，本研究聚焦于如下几个研究问题：

（1）通过文献研究，提炼和论证新型城镇化进程中社区发展的内涵、作用和意义，帮助我国社区发展找到理论根源和顶层设计的指导思想。

进行社区研究的主要目的在于认识和了解社区变化、发展的规律，通过对社区变化规律的把握，了解其发展的目标、困境与影响因素，进而有的放矢地丰富和完善社区的功能，提高社区生活的质量，实现社区、城市以及社会的协调发展。而这些研究的基础，是对核心概念的准确认识和理解。因此，本研究第一个研究的问题，就是通过对已有文献的搜集、梳理、总结和借鉴，了解国内外对城市、城市社区的定义，顺应城镇化的基本规律，尤其是结合我国新型城镇化进程的大背景，讨论新形势下城市社区发展的内涵、特征、作用和意义。

（2）总结我国城市社区发展历程和相关政策文件，归纳其阶段特征和政策的核心的指导思想、内容、优势和局限，为我国社区发展战略设计提供借鉴。

本研究致力于为我国城市社区发展提供一个适应当前形势，能够解决问题并促进发展进步的战略设计。发展战略是一种非常重要的公共政策，对已有政策的回顾和审视非常有意义。通过对已有的和社区相关的国家级政策文件进行梳理，本研究对其政策的主题、核心内容、涉及部门、政策对象进行描述和分析，归纳政策的内容演变和发展特征。通过对已有政策的研究，为之后的战略设计提供一定的政策依据和基础。

（3）对我国北京、上海、广州 3 座具有代表性城市的社区发展案例进行梳理和调查，分析我国现阶段社区发展的现状、存在的差异和问题。

进行城市社区发展战略研究的基础在于对我国城市社区发展的现状、目标和存在的问题有深入的了解。本研究在现阶段操作可行的前提下，在北京市、上海市和广州市分别选取了 5 种类型共 15 个城市社区进行调查研究，以样本社区为着手点，根据调研数据的分析结果，讨论我国城市发展现状、社区发展影响因素和实际需求。

(4) 结合文献综述、城市发展社区历史回顾、政策梳理和数据分析，为我国城市社区发展进行战略设计和政策建议。

对我国城市社区发展战略进行研究设计是本研究的根本目的和核心内容。本研究希望通过系统的文献综述，一方面为战略设计提供文献基础，另一方面为社区发展现状研究的调研问卷提供理论支持。在实证研究方面，通过对城市社区发展历程的回顾，以及对现阶段社区发展的调查、统计和对比分析，力图从现状出发，以问题为导向，为社区发展进行战略设计。

1.3.3 研究方法

城市社区发展是个非常复杂的涉及广泛的概念，采取科学合理的研究方法是解决研究问题的关键。

1.3.3.1 文献研究法

文献研究法是我们获取有关研究对象信息资料、了解研究对象的历史和现状的重要方法。这是一种单独的、重要的研究方法，更是其他研究工作能够开展的基础。通过对各种文献、数据资料进行理论归纳和比较分析，可以帮助发现已有研究的规律、存在的问题、内在的联系、待完善的空白等。通过文献研究，可以获取有关研究对象的相关信息、知识，了解研究对象的历史和现状以及学习与研究内容有关的理论和方法。有效的文献研究，可以完善本研究的设计，避免重复和错误。本研究在研究文献部分，以城镇化、新型城镇化、社区、城市社区、社区发展、战略等多个关键词为主题，尽可能全面地对国内外的相关书籍、论文、研究报告、政策文本、数据进行收集、梳理和分析，并进行综述和评论。在城市和城市社区的基本信息搜集方面，本研究对相关的统计年鉴、数据库进行了查阅和整理。

1.3.3.2　案例研究

案例研究通常适用于以下 3 种情形：

- 需要回答怎么样、为什么的问题时；
- 研究者无法控制研究对象时；
- 关注的中心是当前现实生活情境中的实际问题时。

案例研究是学术研究最常用的方法之一，是一种既可以定性也可以定量的研究。在对案例进行研究时，既可以反复测量，用分析的方法或整体的方法；也可以从阐释的、有机的、文化的角度或多种角度去研究。

在案例研究的过程中，主要遵循以下几个步骤：

- 界定案例的范围，将研究对象概念化；
- 选择现象、主题或问题，明确研究问题的侧重点；
- 寻找阐明问题的资料；
- 对用来解释的关键数据和主要成分进行测量；
- 选择合适的解释方式对研究的初步结果予以解释说明；
- 提出研究结论并尝试将个案概化。

结合本研究的研究目的和问题，在案例研究中主要讨论：

- 我国新型城镇化进程中，城市社区发展的现状与存在的问题，也就是怎么样的问题；
- 城市社区发展与城市及其居民的日常生活息息相关，因此通过案例研究进行现状和问题的分析比较直观恰当。据此，本文所选取的北京、上海和广州这3座城市，具有非常显著的代表性：城市发展进程较为领先、历史悠久、文化丰富，其城市社区的类别较多、分异明显，同时这3座城市的社区居民配合度相对较高，数据获得相对便利。

1.3.3.3 问卷调查法

问卷是研究者用来收集研究信息的一种技术，也可以说是对调研对象的一种测量技术，在调查研究中使用非常普遍，是社会调查的支柱（巴比，2002）。

问卷研究基本涉及这几个步骤：

（1）针对研究问题，对文献进行搜集借鉴，形成理论框架，根据相关文献形成研究构念，寻找类似的测量项目及参考文献，在此基础上进行修改完善。

（2）寻找同领域的专家对问卷进行评价，在测量指标、题目设置、语言表达、问卷格式等方面进行修改。

（3）进行一定范围内的预调研，通过问卷发放和回收的结果来进行新一轮的调整，形成本研究的正式问卷，并遵循统计抽样的规则进行调查研究。

本研究通过对已有相关文献的学习、借鉴，结合专家评分法设计了城市社区发展现状的调研问卷。以社区居民为调查对象，实地获取居民对社区发展的感知和认识，从居民的角度挖掘社区的现状与存在的问题。在获取了大量一手数据的基础上对其进行数据分析。

1.3.3.4 数量分析方法

首先采用一致性和因子分析方法对问卷量表的信度和效度进行检验。在此基础上分类型、分城市地进行描述性统计，分析变量在不同城市社区类型和不同城市之间的差异，并采用方差分析检验这种差异是否显著。进一步，利用探索性因子分析方法（Exploratory Factor Analysis）尝试通过多个问题得出的变量数据，分析出影响居民认知社区发展的因素。

1.3.4 研究框架

本研究首先以文献为基础，讨论社区、城市社区的概念、内涵与分类，接着讨论社区发展的内容、目标、测量方式以及影响因素，在此基础上对我国城市社区发展历程进行回顾，并提炼阶段特征。接下来，在理论基础上对研究假设、变量进行界定，并结合五大发展理念设计了本研究的调查问卷。在陈述了抽样规则、调研过程并进行数据效度和信度检验的基础上，本研究对调研数据进行了量化分析。对我国城市发展整体情况，以城市划分、以社区类型划分的城市社区发展进行了比较分析，并进一步对影响社区发展的因素进行了假设检验。最后总结我国城市社区发展所面临的问题与挑战，并在对已有战略政策总结分析的基础上，提出了一个战略设计以供政策参考。其具体的研究框架如图 1-1 所示。

本研究的整体思路是：为了适应城镇化的发展规律和新型城镇化的实际需求，结合已有理论经验和现实研究背景，突出城市社区在新型城镇化中的重要作用和意义，对国家的政策予以回应。在这样的背景下，以城市社区发展作为本研究的核心内容，对已有的文献研究进行回顾综述，从城镇化理论、社区发展理论和战略理论方面提炼我国城镇化的发展规律与存在的问题，社区发展的内涵和特征以及发展战略的作用、意义与侧重点，为城市社区发展战略提供理论借鉴。进一步而言，通过对我国城市社区发展的历程的回顾以及对我国战略政策的梳理，更好地认识我国城市社区的

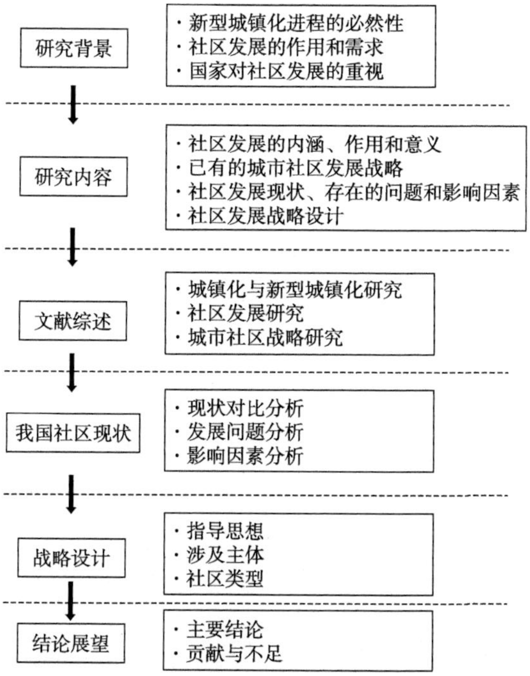

图 1-1　结构框架

发展历史、现状与未来。在理论和经验的指导下，以北京、上海和广州这3 座城市为案例，进行实地调研，以不同类型的社区居民为调查对象进行问卷调研。以获得的调查数据为基础，用不同的数量分析方法，描述城市居民视角下的城市社区发展现状和存在的问题，并尝试提炼出影响社区发展的因素。最后，根据以上研究过程，理论联系实际，大胆创新，为我国城市社区发展构建战略设计。

2

文献综述

2.1 城镇化与新型城镇化研究

城镇化是整个人类文明发展传承历史潮流的体现，与工业化、现代化共同影响着整个社会经济、文化、政治的发展与演变（李克强，2012；马凯，2012）。我国的政治经济现实和城镇化速度与成果都有很强的独特性，新型城镇化也是现发展阶段的一个新的阶段（杜鹰，2001；唐亚林，2013）。因此对城镇化和新型城镇化的相关理论与研究进行综述，有利于本研究更好地把握我国现阶段城镇化的特征与存在的问题，以及新型城镇化的内涵与发展需求。

2.1.1 城镇化基本理论与研究

关于城镇化的基本理论不胜枚举，从城市的起源到发展，从城市的空间布局到经济增长，从城市的人口流动到社会结构变化，从城市生活方式到城市文化的演变等，涉及经济学、地理学、社会学、政治学、城市规划学、公共管理学等学科（黄锟等，2013；王克忠，2006；吴银豪，2014；徐振强，2014）。城镇化对城市发展和社会变迁有太多的影响，但本研究以城市社区发展为重点研究对象，因此不对城镇化理论做非常详细的回顾和综述，仅从城镇化对社区发展产生的几个重要影响着手（肖冰钰，2013；赵瑞政，2002），寻找已有研究中具有代表性的观点以作为接下来研究的理论支持。

2.1.1.1 城镇化与城市空间布局

城镇化的一个重要表现就在于城市土地分布及地域空间布局的变化。

包括由农业用地转化为非农业用地，由比较分散、密度低的居住形式转变为集中的、密度较高的居住形式；由与自然环境接近的空间形态转变为以人工环境为主的空间形态（朱勍，2014）。根据国内外的历史经验分析可以得出，城镇化发展到一定阶段后，在产业发展、升级的带动下，人口必然会向城市集中，并由此导致城市空间扩张和农村土地利用性质的改变。而这种城镇化进程的空间表现则具有明显特点：第一，城镇化给空间带来的变化是由人口城镇化拉动的，在一定程度上整体发展滞后于人口的城镇化进程；第二，城镇化在城市空间上带来的影响更为持久，首先对城市空间布局的局部影响通常会持续很长时间，另外整个空间影响进程也会一直蔓延；第三，城市空间的增长和变化速度更快，且受政策的影响较大。城镇化进程与城市空间布局也是相互影响的互动关系（何宇鹏等，2007；樊杰等，2013；王开泳等，2008；秦佳等，2013）。从整个世界的角度来看，城市空间的扩展和调整过程同时也是一个自然、经济、社会关系重组和利益不断冲突的过程，也引起了广泛的重视。尤其是对正处于发展关键期的中国而言，在这一人口和空间转型过程中，必须有效应对一系列艰巨的挑战（傅超等，2013；高辉等，2000；余方镇，2005）。

随着城镇化进程的不断推进，我国城市空间集聚态势日益明显。城市和人口进一步向东部沿海地区集聚，并在空间上形成了若干个城市和人口密集区。形成这种城市空间集聚分布的因素是多方面的，主要包括：自然地理条件的地带性差异、资源要素的空间集聚效应、国家发展战略的城市和空间偏向以及区域发展差距日益扩大的综合影响。这也体现出城镇化进程中，城市空间布局呈现一种不均衡的态势（吴一洲等，2012；范虹珏等，2014；曹广忠等，2012）。城市空间人口有的过于密集，有的则非常稀疏。有的地区还存在人口分布与产业集聚情况不一致的现象，导致部分地区的发展压力过大，给资源、环境、交通、基础设施等带来了巨大考验。

此外，城镇化进程中城市空间布局还容易步入土地资源利用不合理的误区。许多城市为了推进城镇化进程，机械式地开发城市土地，城市和城镇的空间布局发生了巨大变化，城市建设力度大且速度快。这一方面虽然实现了城市面貌翻天覆地的变化，但另一方面也影响了土地、资金的资源利用效率（陈美球等，2002；李秀彬，2009；李忠，2005），也会导致城市空间分布与城市职能和发展需求的不匹配。虽然通过基础设施建设可以提高城市对人口和产业的吸纳与承载能力，但并不能够有机地吸引人口聚集，以实现真正意义上的城镇化（高辉等，2000；张迪等，2010）。

2.1.1.2 城镇化与城市经济增长

城镇化进程和经济发展之间存在一种相辅相成，相互促进的关系。一方面经济的总量增长、产业类型升级等成果会产生聚集现象，伴随而来的基础设施建设、劳动人口聚集等也会使城镇规模扩大、城镇化水平提高。另一方面，城镇化进程的推进会使得城市经济继续发展，包括第二、三产业都会产生更多的需求、生产活动和消费现象（Berry，1965）。在城镇化进程和经济发展相互促进的关系中，二元经济结构理论论述了城镇化对经济增长的促进作用。其中代表学者为经济学家刘易斯，他认为一些国家的经济可以分为两个部分，分别是：集中在农村的，以传统农业、手工业为主体的传统部门；集中在城市的，以现代制造业为主体的现代部门。这两种类型的经济存在发展的差距，主要体现在劳动者的收入上。由于产业间、城市间收入水平的差异，农村地区的剩余劳动力会向城市地区迁移，而城市地区及其产业在吸收了充足的劳动力后，可以进一步扩大生产、积累利润，进而实现经济的增长（蔡昉，2010；陈宗胜，1999；张守文，2004）。在这样一个互动关系促进的循环增长过程中，城镇化不仅实现了农村人口收入的增加，而且有利于农村劳动力的优化配置以及农业生产资源（如土地等）的科学利用，这也能提高农业生产效率。同时，城市与农村之间的分界被打破，城乡之间的沟通交流愈加频繁，城镇化过程也可以带动更多的生产、消费、资源的优化配置。尤其是农村居民进入城市后，会产生更多的消费需求，也会推动经济发展（刘易斯，2009；蔡雪雄等，2008）。

正如前文所述，城镇化是一种十分复杂的社会经济政治现象，给人们的生活带来多方面的影响。与此同时，能够对其产生影响的因素也是纷繁复杂，其中经济因素起着近似决定性的作用。有学者认为，经济发展推动城镇化进程，经济发展是城镇化的根本动力，是城市产生和发展的首要前提（成德宁，2000；宋金田等，2006）。自工业革命以来，工业化就成为推动城市发展的重要动力之一。随着产业结构升级，第三产业在国民经济中所占比例和发挥作用越来越突出，加之其与城市居民的日常生活息息相关，第三产业的蓬勃发展又为城镇化进程注入了新的活力（陈柳钦，2004；陈柳钦，2005；沈坤荣等，2007）。同时，城镇化也对经济发展有着明显的促进作用。科学合理的城镇化进程不仅能够吸纳劳动力，也会促进市场经济的进一步发育，引致经济结构的优化升级。同时随着城市数量的不断增加、城市规模的日益扩大，城镇住房、基础设施建设等相关领域也会对第二、三产业的发展产生推动作用（仇保兴，2003；李强等，2012；钱平凡，2003）。

2.1.1.3 城镇化与城市人口流动

城市居民是城市最重要的有机元素，乡村向城市、城市之间人口的流动是城镇化进程的重要标志。人口学相关研究认为，城镇化即为人口的城市化，包括城市人口集聚和增长所形成的城市人口比重上升的过程（朱传耿等，2008），乡村人口迁移集聚和城市部门人口的自然增长共同构成了城镇化发展。随着城镇化的加速发展，有研究认为，随着城镇化水平的提高，城市生育率将会逐渐降低，这意味着来源于城市自然增长的城市人口对城镇化进程的积极影响将越来越弱，甚至消失。因此，人口迁移也便成为城镇化进程中人口最重要的来源。与此同时，农村地区的人口自然增长快于城市地区，加之随着科技进步，农村生产效率不断提高，得以解放的剩余劳动力被城市较高的收入和生活水平吸引，自然会向城市迁移，实现了城镇化进程（胡鞍钢，2012；李兵弟，2004）。

城镇化过程是一个资源和要素在城乡部门间重新配置和组合的过程。在我国，城镇化进程给人口迁移和社会结构改变带来的影响非常巨大。有许多理论对城镇化中的人口与社会结构研究进行了相关的分析并得出论断。从城镇化对人口集聚吸引的角度来看，区位理论认为，人口的分布和迁移的根本在于产业的区位选择，在城镇化进程中，由于产业布局的选择，人口自然据此选择其生活的地点，以寻求其生活的边际收益大于其边际成本。当这种选择涉及许多城市工作人员和相关企业、组织时，城市的人口自然会增加，规模一定会扩大，城镇化进程也一定会向前推进（韦伯，1997）。以中心地理论为例，该理论模型认为城市聚集了大多数的商业消费功能，并作为核心向周围发挥辐射作用，能够整体上带动城市发展和人口集聚，进而也推动了资本、资源等生产要素的集中（周伟林等，2011）。

人口迁移与城镇化进程紧密相连，共同呈现着阶段性的特征，同时也体现了人口迁移对城镇化进程的影响。人口的迁移和流动在不同时期有着不同的规律，如工业革命开始前，受到生产力水平低下的限制，居民日常活动的空间范围比较小，人口的出生率和死亡率都较高，人口的流动性和自然增长率都很低。人口迁移的主要形式为由于战争、宗教等造成的非永久性迁移，能够推进城镇化进程的居住地长期或永久改变的人口迁移很少。发展到工业社会时期，随着生产力的不断推进、人口生育率的提高，人口迁移的需求变大、机遇增多、成本变低。一方面有农村人口垦荒式迁移，一方面有大规模的由农村到城市的人口迁移，国际人口流动也开始出现。流动人口迅速增长、类型大大丰富，流动人口结构开始出现分化。在工业化发展后期，人口出生率持续下降，引起人口自然增长率下降，从农村迁移到城市的人口开始下降，同时短期性流动人口进一步增加，形式更加复杂多样。发展到发达的后工业时期，人口的自然增长率开始稳定，由农村迁移到城市的人口减少，自欠发达地区向发达地区迁移的人口增加，专业技术人才的国际间迁移和流动增多。同时，在这一时期，由于交通条件的完善，流动将取代迁移的一部分功能，使短暂性人口流动速度加快，人口流动的成因大多出于经济和娱乐的目的，城市之间和城市内部的人口迁移仍将保持一定的增长（Woods，1993；肖周燕，2010）。

根据以上对城镇化与城市人口流动研究的综述可以看出，在城镇化的不同阶段，城市人口流动特征会有所变化。我国正面临新型城镇化的关键时期，在不同的区域、不同规模的城市同时存留着不同特征的城镇人口流动情况。以特大城市为例，其人口流动状况可能覆盖到上述大多数阶段特征：既有农村的剩余劳动力进入城市以寻求更好的收入，也有高新技术人才的长期迁移，还有高端人才的国际交流等。

2.1.1.4 城镇化与社会文化变革

随着城镇化的不断推进，我国社会人口流动日益频繁。这也使得社会融合呈现两种情况：一方面社会价值观更加多元，生活方式更加丰富，流动人口会得到认同；另一方面是经济、文化的团体差异越来越大，社会生活的门槛和阻隔越来越明显，阶层间的融入较差（吴九占，2003；李卫华，2010）。

从社会结构理论来看，城乡结构是认识城市社会发展的一个重要内容。城乡结构是指资源与机会在城乡之间的空间分布，其在我国有着特殊的地位和作用，最能体现中国社会结构独特性。在新型城镇化进程中，城乡社会有着明显分异，尤其突出体现在社会地位等级的差异上，包括教育水平、收入差距、权利声望以及生活方式等方面（黄刚，2009；汪绪永，2004）。

这种差异和区隔尤其会体现在非原生城市居民的身上，在我国，非原生城市居民主要指进城务工的农民。他们一方面为城镇化进程的推进和发展做出了巨大贡献，另一方面又无法获得与其贡献相匹配的待遇与社会地位。总体上来看，这些非原生城市居民规模庞大、收入较低、就业不稳定，在户籍制度、社会保障、基本公共服务供给方面都不能享受与城市居民同等的待遇。在价值观和精神文化方面，这个群体也很难被理解、认同和接纳。既有城市居民群体对其的冷漠、疏离甚至歧视，使得这个群体在城市中的归属感、认同感很低，这两种价值文化甚至会演变成冲突。

与此同时，城市文化在城镇化进程中也越来越多元和丰富。城市文化涉及城市的建筑文化、居民的居住结构、管理与制度体系、生活与行为方式、心理与观念文化等（杨章贤等，2002；单霁翔，2007）。城市的本质精神就孕育在城市文化中，城市文化很大程度上体现着城市独特的品格和气质。城市文化一方面来自于城市发展进程中历史的积淀，另一方面也来自于城市化进程中的不断发展创新。在城镇化进程中，尤其是工业化和城镇化的中后期，城市建设和规模的快速发展容易使得城市文化在快节奏中被忽略甚至遗弃。因此，对城市文化的传承和塑造，既要符合城市的独特性，又要适应城市的有机发展；既要顺应快速的城镇化进程，又要注重人与自然的和谐统一；既要满足城市居民的日常物质文化需求，又要有所预见，视野宏远；既要有核心理念，呈现城市的最重要特征，又要丰富多样，面向不同层次的城市居民（张鸿雁，2005；张锦秋，2005；陈柳钦，2011）。

2.1.1.5 城镇化与资源环境利用

资源是一个内涵广泛、理解多重的概念，通常由于认识、开发利用的情况对其理解有所侧重。在这里我们以城镇化发展需求为导向，将资源界定为自然环境中能够被人类生产生活活动利用的物质，包括水资源、土地资源、矿产资源等。环境是一个更为宽泛的概念，在自然科学领域通常将其定义为以人类为主体的外部世界的总体（李文苑，2007；周训芳，2002）。人类社会的发展在本质上就是一个长期的自然资源利用、环境开发改变的过程。人类的文明史就是对资源环境的利用与开发历史。结合人类社会发展历史，以能源矿产开发利用为主导的工业化强有力地推进了城镇化进程，对整个社会经济发展产生了极为强烈且深远的影响。从整个世界的宏观视角来看，城镇化进程可以被视为是建立在整个国家乃至全世界的资源环境基础之上的（焦永利等，2014；国务院发展研究中心课题组，

2014）。

各种自然资源是我国经济和社会发展必不可少的物质基础，对人民日常生产生活活动和城镇化进程来说都至关重要。在工业化、城镇化快速发展的进程中，资源的开发利用是核心推动力之一。我国的城镇化有着非常明显的特征，其快速发展的进程就是被自然资源、人口资源大力推进的。长此以往，不可再生的资源和遭到破坏与污染的环境遭遇了巨大压力。在继续推进城镇化的进程中，必须以资源节约、环境保护为主张，注重城镇化的可持续性（张维宸，2013；姚士谋，2010；仇保兴，2005）。城市的发展历程是人类和自然的相互作用，城镇化进程绝离不开资源和环境。城镇化进程的推进离不开城市资源环境的有力保障，而城镇化的发展也会对资源和环境带来需求。随着城镇化的不断推进，对土地、水、矿产等自然资源的需求和依赖会更加突出，这些需求与有限的资源之间产生的矛盾，甚至会制约城镇化发展进程。

在城镇化进程中，资源环境的承载力十分重要，它同时发挥着正反两方面作用，在很大程度上影响着城镇化的速度和质量。只有正确处理城镇化与资源、环境之间的关系，在其承载力的范围内合理利用开发，科学地发挥其效用，才能有利于城镇化的健康发展。准确把握和深刻认识城镇化与资源环境的现状与所存在的问题之间的关系，对我国推进城镇化进程，促进经济、社会全面和谐发展具有十分重要的意义。

2.1.2 新型城镇化研究

改革开放四十余年来，我国的城镇化取得了史无前例的突破性进展，同时也有力地支撑了中国经济增长的奇迹（倪鹏飞，2013）。据国家统计局数据，截至2019年，我国城镇化率现将达到60%，有8亿多的城镇人口，有城市672个、小城镇两万余个。形成了以特大城市为中心、中小城镇为主体，小城镇为基础的城市体系。我国城镇化自身存在一些亟待解决的问题，比如区域和城乡发展不均衡、城市结构不均衡、城镇化和工业化、农业现代化不协调、公共服务落后等。另一方面，城市内部各种问题也层出不穷，交通拥堵、环境污染、土地紧张等问题也都制约着城镇化的健康发展（仇保兴，2013）。整个社会都面临着经济结构调整、产业优化升级、资源合理开发、环境治理保护、发展程度均衡等挑战。在这样一个新的背景下，想要对城市社区发展进行战略设计，首先要对新型城镇化这一进程的内涵、目标、路径有所认识。

2.1.2.1 新型城镇化的内涵

新型城镇化基本上是对“城镇化”的继承和发扬，是结合我国现实政治、经济和城市发展的历史背景、现状和未来发展趋势的新进程（刘海平，2012；叶连松，2009）。新型城镇化既包括城镇化所涉及的城市空间扩展、产业结构升级增长、人口集聚流动、城市社会文化传承与创新、资源环境的合理开发利用，同时又在指导思想、价值观念、实践路径和方法上有创新和突破。近年来关于新型城镇化的内涵研究非常丰富，本研究进行综述如下。

在城市空间布局方面，新型城镇化强调城市空间布局合理，规模适当，大中小城市体系完善，城市功能与规模相匹配；在城市经济增长方面，新型城镇化强调创新驱动城镇化进程，努力实现工业化、信息化、农业现代化与新型城镇化的良性互动，推动产业结构的转型升级；在城市人口流动方面，新型城镇化坚持以人为本的基本思想，致力于为人口流动提供良好的政策环境，促进人口更科学、健康的集聚；在社会文化变革方面，新型城镇化强调全面地提高居民的物质文化生活质量，传承悠久文化，创新和培育新的城市精神；在资源环境利用方面，注重资源的节约和环境污染的防治，强调新型城镇化的可持续性。

新型城镇化在价值取向、发展状态和科学运作上，都有对传统城镇化的超越和创新，尤其是其具有非常鲜明的我国独有的政治、经济、文化特征。在价值取向上，新型城镇化秉承“以人为本、社会公正”为导向，以“全面协调可持续，和谐共同促进人的全面发展”为根本目的。在新型城镇化中追求居民民生质量得到保障和改善、人民安居乐业，幸福指数不断提升。同时要遵循科学的客观规律，实现政府和市场的有机结合（刘海平，2012）。整体看来，新型城镇化较之于传统城镇化，更注重以创新的工业化、信息化为动力，致力于实现经济、社会、人口、资源和环境协调发展，城乡统筹。坚持“以人为本”，关心居民的实际物质文化需求，秉承因地制宜和因时制宜的思想，是一种可持续性的城镇化进程（张占斌，2013）。

中国共产党的十八次全国代表大会报告中提出：实施创新驱动发展战略。科技创新是提高社会生产力和综合国力的战略支撑，必须摆在国家发展全局的核心位置。要坚持走中国特色自主创新道路，以全球视野谋划和推动创新，提高原始创新、集成创新和引进消化吸收再创新能力，更加注重协同创新。深化科技体制改革，推动科技和经济紧密结合，加快建设国家创新体系，着力构建以企业为主体、市场为导向、产学研相结合的技术创新体系。完善知识创新体系，强化基础研究、前沿技术研究、社会公益技术研究，提高科学研究水平和成果转化能力，抢占科技发展战略制高点

（中国共产党第十八次全国代表大会，2012）。这段重要论述，第一次把“实施创新驱动发展战略”写入党的代表大会报告中。创新驱动发展，是我国政治、经济、文化、城市发展都要遵循的重要战略。实现全方位的创新，可以更好地提高竞争力，应对瞬息万变的世界，有利于推进我国经济结构转型和新型城镇化进程推进。实现城市创新，打造创新型城市也是近年来城市建设和发展的一个关键主题。

创新理论是由美籍经济学家约瑟夫·熊彼特提出的，首先在经济学科和生产领域中得以广泛认可和传播。熊彼特认为，现代经济发展的根本动力不是资本和劳动力，而是创新，而创新的关键就是知识和信息的生产、传播、使用。创新是建立一种新的生产函数，把一种从未有过的关于生产要素和生产条件的新组合引入生产体系。

这种组合具体包括以下五种情况：

- 采用一种新的生产方法；
- 开发一种新的产品或开发一种新的产品质量；
- 开辟一个新的市场；
- 开发一种新的原料或半成品的供给；
- 实行一种新的组织形式。

社会经济活动可以区分为两种类型：经济循环和经济发展。其中，经济循环是指经济生活中的“循环流转”状态，而经济发展是指现代的经济成长。

创新在经济活动中发挥着一种既会破坏均衡又能恢复均衡的力量，具有创新精神、有组织才能、有长远视野的优秀人才是经济增长和发展的动力。创新对一个国家、一个区域或一个城市的发展具有非常重要的意义，因此，自熊彼特首次提出创新理论以来，学者们从不同学科和不同角度对技术创新问题进行了大量的研究和探索，它已成为一个涉及经济学、社会学、公共管理学等多学科领域的研究课题，相应的技术创新理论也得到了不断的演进。

城市对提高国家创新能力具有重要作用。改革开放以来，城镇化和工业化持续互动，城市创新能力的提升便成为顺应城镇发展规律的城市发展的重要诉求之一。城市发展是城市不断创新的产物，随着城镇化进程的不断推进，城市人口组成、产业结构、空间布局都发生了巨大变化。同时也带来了一系列问题，这对城市的创新能力提出了新的挑战。建设创新型城市是建设创新型国家的重要途径，也是全面落实科学发展观的战略举措。自从2006年1月全国科学技术大会召开以来，各地普遍将建设创新型城市放在了突出的位置，不少城市明确地将建设创新型城市作为城市发展的目标，我国近年来坚持创新驱动发展战略，大力推进创新型城市建设（马凯，2012）。以创新型城市为基础或核心的区域创新理论是实现建设创新型国家战略的关键步骤。

建造创新型城市已经成了许多城市的发展战略之一，城市创新的探索与实践成为一个全球性的城市发展前沿问题（范柏乃等，2002；张鸿雁，2002）。对于城市创新的研究始于上世纪90年代。城市创新发展研究的产生和兴起有基本原因，包括城镇化进程中城市发展和工业化转型的速度不相匹配，需要在产业结构、管理体制等方面进行创新突破，以及在应对和解决城镇化面临的各项问题时，需要创新的方式来解决。通过城市创新，可以推动城乡可持续发展、提高城市乃至国家的综合竞争力。目前人们对创新型城市的定义尚未形成统一的认识，学者们多从其内涵或表现上进行描述：认为创新型城市是创新资源高度集聚于城市空间的一种城市发展形态，是城市发展知识化、科技化、环保化和和谐化的产物，是在新经济条件下，以创新为核心驱动力的一种城市发展模式，是建设创新型国家的基点和基础之一。简而言之，创新型城市一般指以科技进步为动力、以自主创新为主导、以创新文化为基础的城市形态。

结合中国的发展实际，我国首先将创新驱动发展作为国家战略，兴起了对创新型城市、创新型国家的研究。在对城市创新的定义和内涵方面有许多研究，包括：认为创新型城市是在新经济条件下，以创新为核心驱动力的一种城市发展模式；一般是由区域科技中心城市发展演变形成，是知识经济和城市经济融合的一种城市演变形态；完善的城市创新系统是创新型城市的主要特征，在集聚和配置创新资源、不断形成自我平衡调整和发展功能的基础上，推动建立创新驱动的集约型城市经济增长，最终实现城市可持续发展。

有的学者以北京为研究案例城市，认为创新型城市主要依靠科技、知识、人力、文化、体制等创新要素，推动促进整个城市在新技术突破及其产业化基础上实现经济社会更大的发展，从根本上改变原有的经济增长方式，使经济结构实现根本性的调整，国际竞争力得到前所未有的提高，对其他区域具有高端辐射与引领作用。创新型城市的建设是涵盖技术创新、组织创新、制度创新、融资创新、营销创新等全社会创新的一个创新体系，是城市实现跳跃式发展的重要途径和关键举措。

在创新型城市评价指标体系研究方面，目前绝大多数的理论研究都集中在城市技术创新能力测度方法和指标体系的研究内容上。有学者根据城市技术创新系统运行的结构模式，初步构造了城市技术创新能力的理论评价模型，并运用专家筛选法、相关分析法和评价指标的辨别力分析对该理论模型进行了实证分析和检验，在此基础上设计和开发了城市技术创新能力的评价体系，包括：技术创新投入能力、技术创新配置能力、技术创新支撑能力、技术创新管理能力与技术创新产出能力。

2.1.2.2 新型城镇化的目标和路径

由于城市社区具备以上特征和内涵，城镇化过程中出现的先进成果和城市问题更是在城市社区有所体现。尤其是我国改革开放以来，快速的城市化进程为城市社区生活带来了越来越多的可能。一方面有更多的城市居民、更强大的经济力量、更先进的技术条件，另一方面也有环境污染、交通拥堵、邻里陌生等问题。城市社区的建设和发展是我国新型城市化的基础，需要我们应用前沿的理念、科学的方法来探索和实践适宜的发展路径（徐勇，2001；杨敏，2007）。

根据国家新型城镇化规划（2014-2020 年），我国推进新型城镇化的发展目标包括“推进城镇化水平和质量稳步提升，城镇化格局更加优化，城市发展模式科学合理，城市生活和谐宜人以及城镇化体制机制不断完善”。具体而言，包括对城镇化水平、基本公共服务、基础设施、资源环境等主要指标的测评。有研究依据新型城镇化的评价体系提出了城镇化发展动力系统、城镇化发展质量系统，城镇化发展公平系统这三大系统，共 8 项子目标，45 个指标。也有研究对新型城镇化的评估指标进行了进一步的列举和开发，提出了民生导向、可持续导向和质量导向共 30 个指标的评价体系（单卓然等，2013）。其中许多指标与城市社区发展紧密相关，尤其集中在发展质量系统中，包括基础设施的覆盖、城市功能完善、环境友好、资源节约、社会和谐等方面。通过对这些指标的测评，一方面可以更好地了解新型城镇化发展的现状和存在的问题，另一方面也可以将其作为发展目标，明确努力的方向。

在推进新型城镇化进程中，政府更应当审时度势地发挥、主导、参与、监管的职能。随着新型城镇化的不断推进，政府的职能发挥也应当根据现实的发展情况和需求进行调整。在过去的历史中，存在政府过分追求经济效益或政绩导致的城镇化进程不科学、缺乏合理规划、资源利用粗放、环境保护不力，社会管理缺失等问题，已经遗留了许多问题。据此，各级政府在推进新型城镇化进程中，要注重各级政府的协调配合，合理地发挥主导、规划、指导、干预、规范、监管等职能，以推进新型城镇化健康有序的发展。

新型城镇化作为我国顺应城镇化规律，推进国民经济发展，解决城镇化自身问题的重要出路，在其推进过程中就要注重提高城镇化的质量，以科学规划为工具，建设包容和谐的城镇环境。这需要我们在户籍制度、土地管理制度、住房保障制度、财税体制等重点方面有所突破（张占斌，2013）。

2.2 战略理论与城市发展战略研究

2.2.1 战略的概念和内涵

战略（Strategy）一词来自于希腊语中的军事术语“Strategos”，指的是战争中所隐含的筹划、谋略与构想。随着产业革命和经济的发展，这一概念逐渐被广泛应用在多个领域，尤其是组织的管理中（方振邦，2011）。

迈克尔·波特认为，战略就是确定什么可以做和什么不可以做的一种取舍（Trade-Off）。战略理论是管理学整体理论中一门较新的综合性学科，以企业战略管理为较早的应用领域。随着企业活动的逐步深化和复杂化，它已在管理理论与实践中占据了十分重要的位置。自美国管理学家巴纳德 1938 年将“战略”这一思想第一次引入企业经营与管理领域之后，战略理论引起了众多的学者与实践者的研究与探索。随着美国著名学者安索夫、钱德勒、安德鲁斯、波特、普拉哈拉德和哈默尔等人的深入研究，战略理论日渐丰满。战略具有目标导向、长期效应、资源承诺等特点。自 19 世纪，“战略”一词开始扩展到政治领域，20 世纪以来，战略理论开始被广泛地应用在经济、文化、科技、教育等多个领域，其含义也逐渐从军事术语深化扩展到社会整体，或统领某一领域全局的计划与策略，发展战略也是指主体对社会整体或某一领域未来发展的总体构思与对策。追溯该理论的历史，可以将该理论的发展历程大致划分为三个阶段，包括经典战略理论阶段、竞争战略理论阶段和核心能力理论阶段。

美国管理学家钱德勒首开企业战略问题研究之先河，在其出版的《战略与结构》一书中，分析了环境、战略与组织结构之间的相互关系，认为战略必须适应环境，而组织结构又必须适应企业战略，并随战略的变化而变化（钱德勒，2002）。哈佛商学院教授安德鲁斯及其同仁们在随后的战略构造问题研究中，形成了战略构造的“设计学派”。在使企业自身条件与环境相适应的基础上，该学派将战略构造分为制定与实施两个部分的基本类型：一是战略制定，即在制定战略过程中要分析企业的优势与劣势、机会与威胁；二是战略实施，即高层经理人员既需要制定战略，又必须督导战略的实施，并在制定与实施中体现创造性和灵活性。几乎在与“设计学派”产生的同时还诞生了战略的“计划学派”，该学派以美国学者安索夫为代表，安索夫在其 1965 年出版的著作《公司战略》、1972 年在《企业经济政策》杂志上发表的论文《战略管理思想》和 1979 年出版的著作《战略管理》中，主张战略构造应是一个有控制、有意识的正式计划过程，高层管理者负责计划的全过程，计划制定者和实施者对高层管理者负责，根据目标、项目、预算的分解来实施计划。该学派认为，战略行为是企业对其环境的适应过程及由此导致企业内部结构化的过程，企业战略的出发点是追求自身的生存与发展。这一阶段的研究共同体现出了以下几点核心思想：第一，战略的基点是适应环境。只有适应环境的变化，才能生存和发展；第二，战略的目标是提高市场占有率。这在经典战略理论中处于核心地位；第三，战略的成功实施要求其组织结构必须与战略相适应且随之而变化。经典战略理论的实质就是强调组织对其环境的适应过程及由此带来的组织内部结构化的过程。

竞争战略理论的代表学者是迈克尔·波特。波特认为，企业盈利能力取决于选择何种竞争战略，而竞争战略的选择则必须基于以下两点：一是选择有吸引力、高潜在利润的产业；二是在已选择的产业中确立自己的竞争优势。基于上述理论基点，波特在其著作《竞争战略》中提出了著名的产业结构分析的“五力”模型、三种通用战略及其在五个具体产业上的战略应用。产业结构分析的“五力”模型提出了决定企业盈利能力的五大竞争驱动力，即产业现有的竞争对手的竞争力、供应商讨价还价的能力、顾客讨价还价的能力、替代品的威胁力和新竞争者的进入威胁力，以及相应的分析方法。三种通用战略是波特根据企业在与上述五种力量的抗争中所总结出的三类成功战略思想，即总成本领先战略、差异化战略和集中化战略。这些战略的目标是使企业的经营在行业竞争中高人一筹。波特将产业进行了战略上的划分，认为各类产业可综合划分为五类，即分散性产业、新兴产业、成熟产业、衰退产业和快速发展产业。通过对这五类产业的竞争环境进行分析，将上述三种通用战略加以具体化。

核心能力理论认为，企业战略经营的关键是培养和发展企业的核心能力，这要求企业从自身的资源和能力出发，在自己拥有优势的产业及其关联产业进行经营，避免因产业吸引力的诱惑而盲目地进入不相关的产业经营。同时，该理论认为在选择那些可能成为企业核心能力的同时，还应培养新的竞争力。为此，要求企业提高产业预见能力，应根据对人们的需求、技术的发展和社会大趋势等前瞻性的预测，从完全想象的市场出发构想未来的产业，培养新的核心能力，从而永葆领先。

2.2.2 城市战略研究

有学者在战略的三个要素：目标、环境与机会、资源与竞争优势的基础上，结合城市发展的特点，提出了城市发展战略的五大基本特征：计划（Plan）、计谋（Plot）、模式（Pattern）、定位（Position）和远景（Perspective）。首先，城市发展战略要立足长远、定位准确，以便根据预期效果采取行动。同时，要对一个组织在一定时期内的全局性任务进行运筹谋划，注重关系城市发展全局的关键问题。最后，城市发展战略应当因地因时制宜，不应是一种一成不变的模式。

有学者对城市发展战略进行了研究，认为其是一个复杂、难以清晰界定的概念。在规划学领域，“城市发展战略”常指城市总体规划中具有全局性、整体性、结构性、政策性、方向性、长远性等战略属性的相关规划内容，涵盖了非物质空间层面的“城市宏观发展战略”和物质空间层面的“城市总体空间格局”两部分。城市宏观发展战略（非物质空间层面）引导和约束城市总体空间格局（物质空间层面）。在这样的基础上，城市需要进行符合自身情况的宏观战略管理，把握大的发展方向，赢得优势（仇保兴，2003）。

我国的城市发展战略一直在不断地探索和发展，在前进的过程中也出现了许多问题。有的城市在城市定位和经济社会发展目标上不切实际，大大超越了经济发展阶段资源及环境的承载能力，盲目追求高速度和高标准，随意扩大城市人口和建设用地规模。多年来，城市发展战略与资源、环境承载力不符的案例在国内比比皆是。与此同时，城市成长过程中面临的挑战都是通过不断增长的大规模和机械化生产系统予以克服，包括更高的防洪墙、更大的垃圾填埋场、更宽的高速公路、更宽的灌溉和排水系统、更高的居住计划。每一项都为不同的组织机构所设计和管理，都是寻求特殊目标的最大化和风险的最小化，但目前专家普遍认为这种发展范式已经到达极限点，迫切需要一种整合的、灵活的和适应性强的战略政策来适应城市发展的实际需求（屠启宇，2014）。

从城市发展战略研究的内容构成上来看，通常主要由战略背景研究、战略目标研究、战略举措研究三个核心部分构成。此外，战略议题研究、行动方案研究等也开始逐渐成为城市发展战略研究的重要支撑。三大核心部分中，基本依据是为了制定目标，战略举措是为了实现目标。着眼点和落脚点都集中在战略目标上，但是目标的提出和选择，举措的制定，离不开指导思想和政策，需要综合处理经济、社会、政治、文化、科技等各个方面、各个阶段和各个因素之间的相互联系。制定战略的依据是整个城市发展战略研究的出发点，主要包括：认定城市的性质、分析城市发展的基础条件等。

发展战略目标的确定是整个发展战略研究的关键部分，可以说目标确定的合理与否决定了整个发展战略研究的成败。在对城市发展条件和发展潜力综合分析的基础上，结合存在的问题、制约因素和城市发展潜力，找出目前制约城市发展的关键问题，或设定适合本城市的长远和短期的战略目标及各子系统的目标。战略研究指导思想的正确选择对制定城市发展战略十分重要。崛起中的全球城市研究范式的创新、特定的国家背景、人口文化特色等意味着需要摒弃旧的传统战略思想，选择新的战略指导思想。在此基础上，要对城市的基础条件进行梳理和认识，以确保对城市未来发展可利用条件进行客观全面的评价，找出制约城市发展的主要因素和问题。通过潜力分析对城市发展能力做出比较客观的评价，从更为开阔的视野角度考虑如何通过城市间的联系来促进自身系统的开放与自组织能力建设，通过更好地发挥城市特色来促进城市间的分工与互补，从而进一步提高城市自身的发展能力。

2.3 社区发展研究

2.3.1 社区与城市社区研究

提及社区，大多数人首先想到的是一个小型的聚集区：拥有较为明显的地域范围划定，居民间的邻里关系亲密和谐。随着城市化和现代化的不断发展，社区的概念也在不断延伸并各有侧重：有侧重城市规模的“社区是现代大型城市中的各个聚集区”（Suttles，1972）；有侧重人际交往与合作的“社区是一个大型的公司（Corporation）”（Minar et al.，1969）；有侧重网络社交的“社区是个体通过网络所产生的联系”（Driskell et al.，2002）；有侧重组织结构的“社区是一个类似‘科学俱乐部’的非正式的专业组织”（Kuhn，2012），有侧重哲学和心理学研究的“社区是一种生活方式的心理认同和承诺（Commitment）”（Etzioni，1996）。早在1955年，美国社会学家乔治·希拉里（George Hillery）便列举出94条有关社区的定义，他提出：在这些定义中，除了“社区是与人相关的”这一观点之外，这些定义之间基本没有共同点（Hillery，1955）。在此后，学者麦克米兰（McMillan）和查维斯（Chavis）又将社区的概念补充至两百余个（McMillan et al.，1986）。也有研究总结，社区究竟是一个怎样的概念已经困扰了学界两百余年，然而所有得到认可的定义之间竟然也相距甚远。亦有学者认为，关于社区概念的探讨已经偏离了研究的初衷，都不应该被采用，因为他们在理论和实证上都没有意义（Mooney et al.，2009）。而在城市研究中，与社区相关的问题一直是研究的焦点：什么是社区？如何区分城市（City）与社区（Community）？社区是如何不断变化的？为什么会发生变化？有哪些对社区进行概念化和研究的好方法（Lyon et al.，2012）？这些问题引导着我们对社区概念的不断思考和研究。社区是非常复杂且富于变化的，随着时间的发展、科技的进步和文化的变迁，影响社区形成和发展的因素越来越多。电话、网络等现代通讯工具使得人际间的社会交往已经打破了地理位置的局限，长距离的社交活动日益频繁；基于空间所形成的人际认同感也可能被种族、移民、爱好等因素影响，人们对一个小范围空间的归属感会变得越来越弱。

尽管如此，社区无论作为实体还是学术概念，都是真实存在的。梳理学术界对社区概念的界定，也有许多共同的特征。2000 年 11 月，中共中央办公厅、国务院办公厅转发的《民政部关于在全国推进城市社区建设的意见》中对中国的社区做了官方定义：社区是居住在一定地域范围内人们社会生活的共同体。我国城市社区从诞生之日起就是一种“行政区—社区”模式。我国社区是与基层政权结合在一起的（姜劲松等，2004）。根据以上综述，本研究将研究对象社区做以下定义：社区是指一个特定的地域空间以及居住在这个空间内存在社交关系的人的总合。

对于社区的研究最早可以追溯到德国学者斐迪南·滕尼斯（Ferdinand Tönnies）于 1887 年出版的《共同体与社会》（德文名 *Gemeinschaft und Gesellschaft*，英文名 *Community and Society*）一书。在本书中，滕尼斯对社区（Gemeinschaft）和社会（Gesellschaft）两个核心概念进行了对比。他认为社区存在于家庭氏族或者有共同工作或生活环境的人群中，这些人的关系的形成是基于天然的、自愿的意愿（Wesenwille），包括情感（Sentiment）、传统（Tradition）等因素。而社会则偏重个人主义、理性主义等原则，以陌生、独立、不信任等为特征（夏学銮，2002）。滕尼斯通过这两个概念，描述了近代社会的发展变迁趋势，尤其是人际关系和社会整合的变化（姜振华等，2002）。在滕尼斯的体系中，“社区”是自然形成的、整体本位的，而“社会”是非自然的，即有目的人的联合，是个人本位的。“社区”是小范围的，而“社会”的整合范围要大得多。“社区”是古老的、传统的，而“社会”则是新兴的、现代的（秦晖，2000）。但这两个概念都是一种理想状态，现实生活中没有什么地方能够完全地成为理想的社区（Tönnies，1957）。

滕尼斯的社区理论基础对社会科学的发展产生了非常深远的影响。第一次世界大战之后，美国社会科学家将滕尼斯的社区概念翻译为“Community”引入美国，很快赢得广泛关注和研究，开始成为社会科学研究的核心之一。其中以罗伯特·帕克（Robert Park）和其同事为主要成员的芝加哥学派在社区理论发展的过程中发挥了巨大作用。他们通过借鉴生态学中如竞争（Competition）、评估（Evaluation）以及支配（Dominance）等概念来解释美国城市的结构和发展动力（Amos H Hawley，1944）。代表性的研究包括路易斯·沃思（Louis Wirth）的 *Urbanism as a Way of Life* 一文，该文中论述了人口规模（Population Size）、密度（Density）和异质性（Heterogeneity）这三个生态变量（Ecological Variables）是如何促生一个更为社区化的（Gesellschaft-like）生活方式的。与芝加哥学派的研究同时发展的另一个社区理论方向是：对社区的组成部分以及其关系的整体研究（Holistic Studies）。其代表是林德夫妇（Robert and Helen Lynd）。他们起初研究美国中等规模城市的宗教信仰和行为情况，然而很快便意识到独立于其他制度单独研究宗教是没有意义的。要想真正地理解宗教信仰与行为，必须要同时观察和研究社区内的其他社会现象。据此，林德夫妇于 1929 年出版了 *Middletown*（《米德尔敦：当代美国文化研究》）一书，引起了非常巨大的反响。这是一本经典的社区研究著作，描述了一个中小城镇的生活状况，对该镇日常活动进行观察、对历史记录进行内容分析以及发放包括主客观题目的问卷等，并据此解释了宗教信仰和政治价值观是如何影响居民的日常生活、阶级分异和商业行为的。之后，林德夫妇又于 1937 年出版了该书的续作 *Middletown in Transition*。这本书的主要发现为：大萧条使得“一个家庭垄断整个社区的经济活动”的现象出现（Lynd et al.，1937）。

至20世纪中期，社区研究在方法上有了显著突破。佛洛德·亨特（Floyd Hunter）在1953年出版的*Community Power Structure*一书以美国亚特兰大州的社区规划和发展为主要研究对象，采用了面对面的访谈形式进行研究。然而通过研究，他对该州的社区规划委员会对于社会发展和变迁的无能为力感到非常失望。据此他进一步尝试研究亚特兰大州影响社区规划和发展的真实力量的归属和分配。他认为，如果影响社区发展的关键力量的持有者（“Real” Leaders）能够被识别且能组织起来，那有效的沟通和适当的施加压力都可以很大程度地推动这个社区的发展乃至整个当地社会的变化。他也认为，在当时，民主并没有发挥其应有的效果，被公众选举出来的官员几乎无法对关键的、公众的决策发挥应有的作用。但是学者罗伯特·达尔（Robert Dahl）对亨特的研究方法和结论都持反对意见。达尔在其*Who Governs?*一书中以美国康涅狄格州纽黑文市为例，研究了政策制定的相关问题。该书通过将研究重点放在社区中需要真实面对的决策问题，分析出了在问题面前不同的利益代表是如何支持其观点的。在研究方法上，达尔避免了亨特访谈中受访对象局限于管理阶层的问题，这也在很大程度上导致了该书的结论与亨特的观点截然相反。达尔认为纽黑文市的市长作为公选的官员，能够在社区决策中发挥关键性作用。

之前的综述体现出了社区是社会科学研究中一个非常重要的主题，滕尼斯的“种子”思想使得随后的研究深受启发。尽管这些研究在学术和现实社会中都产生了深远影响，但以社区为对象的学术讨论和实践探索的前进步伐逐渐停滞。到20世纪70年代，社区研究中很少再借鉴滕尼斯的思想了。贝尔（Bell）和纽比（Newby）在其*Community Studies*一书中甚至提出了“当今还有谁会阅读滕尼斯的书”这一观点（Bell et al.，1972）。

然而在20世纪60年代晚期至70年代早期这几年间，几乎没有研究是继承于滕尼斯的思想的。与此同时，以社区为对象的研究也逐渐淡化，而以城市整体为目标的生态学模型研究声名鹊起，这个时期对于社区增长和城市经济的研究多采用经济学模型，包括厄内斯特·伯吉斯（Ernest Burgess）提出的同心圆模式等。也有学者从生态学角度展开研究，认为普查区（Census Tracts）或者其他的地域单元比社区这个概念更准确，应当成为研究的对象。甚至有学者认为应当舍弃社区——这个模糊、哲学的词语，采用如同地点（Place）、街区（Neighborhood）、郊区（Suburb）、区域（Region）、大都市区（Metropolitan Area）这些更中性更具体的词汇。与此同时，前文所提到的整体研究、社区领导力研究都经历了相似的衰落。例如在1957年之后，美国社会学学会不再在其年会中设置社区研究的论坛。

使得社区研究逐渐衰落的原因有很多，在美国主要的一个原因是大众社会及对其研究的兴起。大众社会是指一个标准化的同质的没有主要种族和阶级分化的没有明显区域差别的社会形态（Lyon et al.，2012）。这种社会的形成归功于大众传媒的发展、标准化公共教育的普及、居住流动性的增加等。大型城市之间及其居民越来越相似，他们看着同样的电视节目，阅读相似的报刊杂志，在同一个年级学习同一本教材，在城市间方便地通勤。在这样的情况下，针对整个国家层面的研究便更为主流，案例研究也不再选取某个具体社区。人们感受到生活的内容和质量在不断变化，传统的价值观念在逐渐被瓦解。滕尼斯关于社区的构想，那些基于亲属关系、地理联系以及对一个团体的从属感，都被现代社会的种种现象打破了。社区也失去了原有的内涵，成为了一个有共同生活模式的人的群体（Frankenberg，1966）。这种关于社区的理解对政府及其制定的政策都产生了影响，“社区中心（Community Centers）”“社区福利（Community Welfare）”“社区护理（Community Care）”等概念出现。

至20世纪70年代中期，社区研究再一次焕发了生命力。生态学家开始重新构建社区结构的研究模型（Abu-Lughod，1999），并研究社区的增长和蔓延。整体研究开始复原，社区研究过程中也开始应用越来越多的新科学技术，如计算机辅助的社会网络分析等。最为重要的是有学者开始对社区研究中遗失部分进行讨论，其中代表学者及其著作是罗伯特·贝拉（Robert Bellah）的《心灵的习性：美国人生活中的个人主义和公共责任》（*Habits of the Heart*：*Individualism and Commitment in American Life*）以及罗伯特·帕特南的《独自打保龄——美国社区的衰落与复兴》（*The Collapse and Revival of American Community*）。布坎南赞同贝拉的主要观点，他以打保龄球为例，提出了这本应该是一个团体的活动，现如今却都是个人行为。该书通过实证的数据表明了在当时的社会状态下，传统市民参与和社区意识都在变弱。通过调研，布坎南列举了美国人在政治参与和志愿活动中都兴致缺缺。这种情况普遍存在于兄弟会、宗教组织、劳工协会、妇女联合会、童子军甚至红十字会中。这一时期的社区研究对当时社会中存在的个人主义思潮进行了分析和研究，学者们认为自私、贪婪等消极情绪正在美国蔓延，而这归咎于市民的集体归属感、社会责任感的不断衰减。要想解决这些问题，需要鼓励居民更多地参与社区活动，减少个体之间的分异，使人们能够从属并贡献于一个更广泛的集体（Putnam，1995）。

进入21世纪，社区研究已经形成了一个更为全球化、综合性的视角。社区已经不再由沉默寡言、自给自足、均匀分布的氛围覆盖，也没有恶化成一个人际间没有联系各自独立的团体。人口的增长、通信方式的丰富都使过去各社区之间的区隔逐渐变弱。据此，新的社区理论研究更关注人际之间的交往、联系以及居民的从属感、责任感等。社区的概念一经提出便在社会科学领域产生了巨大影响。在研究的兴起阶段，学者们关注社区的内涵、要素，研究社区内的经济行为和决策活动等，形成了以整体研究为代表的研究方法，从而为之后的研究奠定了非常坚实的基础。经过半个多世纪的发展演变，城市发生了巨大变化，以城市社区为主要研究对象的理论也有了进步和发展。

我国社区理论发展的开创者是费孝通教授，他于 1938 年在英国伦敦大学学习时撰写了博士论文，后于 1939 年在英国出版，书名为 *Peasant Life in China：A Field Study of Country Life in the Yangtze Valley*，其中文版名为《江村经济》。这本书是社区研究的肇端，是针对单个典型社区的研究。该书通过对江苏省吴江县开弦弓村的实地观察、访问，仔细记录和描绘了当时中国一个小村庄的地理特征、人际关系、经济活动、农业生产等现象与其背后的规律和文化。该书旨在说明中国农民的消费、生产、分配和交易等体系与特定地理环境的关系，以及与这个社区的社会结构的关系（费孝通，2006）。《花篮瑶社会组织》是费孝通以村寨为单位的一部民族学研究作品。在此之后，他的另一著作《乡土中国》出版。《乡土中国》则把中国作为一个大社区进行的农村社区研究，或称之为农村社会学研究。（陈树德，1985）。从《江村经济》到《乡土中国》是费先生学术道路上的重要转折，即从实地的社区研究转变为对社会结构的分析（费孝通，2011）。

在这样的基础上，社区研究在我国有了很好的发展。

吴文藻、张之毅等社会学家为了使社会学理论与方法同中国实际相结合，促进社会学中国化，大力提倡社区研究，推动了社区研究的发展（方明，1990）。

至20世纪80年代，社区研究得到了学术上的推进和实践的检验。1983年1月，天津社会科学院社会学所同天津市人民政府合作进行了“天津市千户居民户卷调查”。该调查内容涉及城市居民社会生活的各方面，包括居民对政府工作的评价。调查结果为政府工作和决策科学化提供了重要的建议和依据。

1983年4月，由中国社会科学院社会学研究所和江苏省社会科学院社会学研究所组成的课题组开始对列入全国“六五”规划的“江苏小城镇研究”课题进行研究。在费孝通教授的指导下，从微观调查开始，由点到面进行了系统性的研究，其研究成果也得到了广泛关注和讨论。

与此同时，针对社区的研究方向也更为丰富。早在上世纪就有许多以社区为对象的研究。杨庆堃教授研究了社区的空间分布（Spatial Distribution），阐述了科学技术的飞速发展，尤其是交通运输的发展对城市社区的空间结构产生了巨大影响。他认为现代社区的结构包括中心城市，都市化的市郊、新式的商场、新住宅区则围绕着中心城市而存在。其中主要的交通技术为公路和汽车，因此也要建设硬面、弯度斜度合理、立体交叉的高速公路（杨庆堃，1980）。

也有学者以城市社区为研究对象，认为城市社区具有人口集中、经济活动集中、基础设施集中的空间特征；具有绿色植物减少、垃圾堆积和环境污染的生态特征；具有价值观念现代化、社会习俗多元化、文化符号复杂化的文化特征（易宏伟，1986）。

这时城市社区发展研究也开始初露端倪。有研究结合案例城市梳理了城市社区发展的三种不同方式：第一，基于自身商品经济的文化传统、地理区位和自然资源条件，在外部经济与社会发展方式的影响下，经过自身经济与社会结构的不断分化与整合，逐渐依靠自身发展的惯性，推动和促进城市化、工业化社会过程的自发方式；第二，国家和政府根据一定时期政治、经济、文化发展和国防建设的需要，有意识地在一定区域内进行大规模的经济建设和工业布点，大量地和集中地注入现代经济发展的要素，在工业发展的过程中带动城市发展的注入方式；第三，我国的一些城市社区在其自身发展的基础上，根据宏观经济与社会发展的需求和布局，在一定时间内集中注入了大量的现代经济发展要素，大规模地集结外部生产力参与城市社区的经济与社会成长，加速工业化、城市化社会过程的混合方式（李汉林等，1988）。

随着社区问题逐渐受到关注，有学者从社区结构的发展趋势入手，认为社区发展是社会化发育的重要标志，批评了实际存在的社区行政化倾向，讨论了社团发育不全的问题，并认为非正式组织是正式组织不可缺少的得力助手，是党和政府同人民群众之间的桥梁纽带（邓伟志，1999）。

也有学者针对城市中各种规模改造活动所存在的问题，提出了在城市中以社区为基础的一种小规模的改造途径。通过探索面向社区的规划体系，建立综合的政策来支持这种思路，发展多样化的金融模式，挖掘社区的主动性和积极性，实现社区空间秩序与功能活力的平衡（张杰，1999）。

还有学者对社会发展和社区发展之间的关系进行研究，根据国际经验总结出社会发展的三种实践类型：第一，片面注重经济发展的观念与实践；第二，重视社会发展的观念与实践；第三，强调社区发展的观念与实践。在这样的实践案例面前，社区发展的要务之一，正是通过促进社区自身的积极变革和演化，使其转变成对自身和社会有利的状态，从而使社会的发展与社区的发育进步协调共进（陈涛，1997）。

近年来我国对社区的研究也百花齐放，通过对核心期刊发表的相关文章的题目和数量进行检索和梳理，可以总结出一些社区研究的趋势特征：

第一，以社区为对象的研究数量整体上呈增长趋势，社区愈来愈成为研究关注的焦点；

第二，社区管理和社区治理在研究数量比较方面不相上下，社区建设、社区服务的相关研究远远多于社区工作与社区规划研究；

第三，在社区生活的具体内容中，社区卫生、社区教育/学习是最为广泛关注的主题；

第四，从研究对象角度分析，以城市社区和农村/乡村社区为对象的研究明显多于网络/虚拟社区。

社区研究层出不穷，其中具有代表性的研究和观点综述如下：

在社区治理方面，有研究认为社区治理既是政府及非政府组织介入社区发展的过程、方式和手段，更是社区公民参加社区发展计划、项目等各类公共事物与公益活动的行为及其过程，体现了公民对社区发展责任的分担和对社区发展成果的分享（罗西瑙，2001）。

还有研究认为，可从参与机制的成熟度与公民参与自主性的关系出发，将公民参与社区治理的模式分为：机制成熟的公民自主参与、机制成熟的公民假性参与、机制不成熟的公民自发参与（姜晓萍等，2007）。

提出应当以制度创新完善社区治理中的公民参与机制，在内在动力、外在动力、原有体制等方面进行突破和创新。治理理论审视和分析中国城市社区的改革与创新，对于拓展目前正在兴起的城市社区建设理论与实践、实现社区治理转型具有重要意义。中国城市社会变革的进程引起了社区治理的巨大变革。治理理论为此提供了具有借鉴意义的理论指导和分析范式。结合中国城市社区治理现状，着手于治理主体、治理过程、治理组织体系、治理关系的转换是社区走向善治的理性取向（刘娴静，2004）。社区治理是通过政府与社区组织、社区居民、非营利组织的共同努力改善社区环境，促进社区经济发展，提高社区居民生活质量，最终走向“善治”的过程（魏娜，2003）。

社区建设指的是在党和政府的领导下，依靠社会力量，利用社会资源，强化社区功能，完善社区服务，解决社区问题，促进社区政治、经济、文化、环境协调和健康发展，不断提高社区成员的生活水平和生活质量的过程。有学者将社区建设和社区发展进行比较，认为社区建设更强调社区规划，强调社区结构的建构，而社区发展则更偏重于社区要素的强化和社区运行机制的改进。还有学者认为社区建设包括设施建设和支持网络建设，其建设过程本质上也是一个社区发展、持续发展的过程。涉及政府、社区组织和成员三个主体，包括经济、政治、文化等多种因素（王思斌，2000）。当代中国发生着深刻的变动，由原来行政一体化结构向政府、市场和社会（公域、私域和第三域）并存的结构体系转变。在这个过程中，城市基层社区的重要性不断突显出来。

以上海为例，其社区建设的实践模式已经展现出同时并存的四个工作系统：党的群众工作系统、城市基层行政管理系统、社会生活服务系统和社区居民自治系统。在这个模式的形成过程中，既有政府“行政化主导”和“行政性推动”的作用，也有“社会化发育”和“社区化参与”的作用。自上而下的行政建设和自下而上的自治建设始终在同时推进。因此，应该引入“社会治理”理念，在城市基层社区构建一个以具体的公共事务为治理内容、政府行政组织和各种群众自治组织之间有效合作、和现代化城市管理相适应的社区治理格局（徐中振等，2004）。

社区治理是政府与社区组织、社区公民共同管理社区公共事务的活动。在我国，城市社区治理模式由行政型社区向合作型社区和自治型社区的发展过程，是社会经济体制改革和社会结构调整在城市社区发展中的一种反映，它代表着我国城市社区发展的方向。建立在合作主义基础上的新型政府与社会关系、社区制逐步取代单位制以及城市街道制体制的改革，代表着我国社区发展与制度创新的基本思路（魏娜，2003）。

社区建设也是一个复杂的经济、政治和社会过程。在建设公共设施、开展公共活动方面，社区建设需要经济强有力的支持。社区建设是发展基层民主的过程，也是一个多元行为主体的互动过程。社区成员参与是社区建设的关键。在社区建设中政府发挥着主导作用，但权力精英的过度参与并不利于本质意义上的社区建设。在社会转型和体制转轨的过程中，社区建设也遇到了来自社区组织的经济理性和社会成员的自主意识增强及传统的社会团结遭到破坏等方面的影响。据此，有研究提出了社区建设的逻辑及政府、社区组织、社区成员三方合作，经济、政治、社会文化三种资源共同支持的社区建设的理论模式（王思斌，2000）。

有学者借鉴了西方城市建设的历程，回顾了由于工业化和城市化的影响，传统社会中亲密、和谐的人际关系被冷漠、独立取代，继而社区建设随之产生。根据西方的历史经验，认为我国随着城市化进程的不断前进，社区建设也应当结合实际，以“培育自治自立精神”为主题，推进社区的完善发展（何彪等，2002）。

还有学者借鉴了发达国家的社区建设和发展经验，从社区设施与环境、社区服务和活动、社区养老、社区经费及其筹措等方面，梳理了美国、英国、澳大利亚、新加坡、日本等国家的先进经验，并结合我国的现实情况，提出我国应当不断完善社区基础设施、健全社区组织管理体系、整合资源搞好社区服务（周洪宇，2003）。

城市规划和社区规划是两个相互区别又有联系的概念。城市规划本质上是一种空间规划，注重宏观经济效益。而社区规划实质是一种社会规划，着眼于微观的社会效益。它包括社区物质形态规划，如绿地、健身场所的布置、社区企事业单位、商业服务设施的布点，建筑风格、小区设计等。但这只能看作规划的重要物质基础，社区规划的真正重点在于立足具体社区发展现状，广泛听取居民建议，明确近期社区发展的紧迫需要，综合考虑经济和社会效益，制定整体协调的发展规划（胡伟，2001）。

有学者以美国社区规划模式为研究对象，系统梳理了其社区规划思想和实践的变化，强调了邻里单位（Neighborhood Unit）思想向新城市主义（New Urbanism）思想转变（李强，2006）。

还有学者对住宅区规划（住区规划）和社区规划进行了比较，从规划的范畴、视角、内涵、结果等方面分析了两种规划模式的异同。认为随着我国国民经济收入的增长，社会结构分层的多元化，在进行社区规划时要关注社会、经济结构的变化和城市的历史、文化背景，进而为社区的发展奠定好基础（徐一大等，2002）。以社区为对象的定量研究也不断丰富，有学者通过使用层次分析法和因子分析法构建了一套社区满意度的评价体系（耿金花等，2007）。有学者将社区居民自主参与社区事务的程度作为衡量社区建设成就的一个指标，认为其也是影响社区建设成败的一个重要因素。以此为内容进行问卷调查，研究结果表明城市居民的社区参与意愿总体上较弱，居民与社区的利益关联和情感认同是制约其参与意愿的两大因素（王小章等，2004）。

我国社区界定的标准是地域界限明显、与大社会沟通联系便捷的社会区域。具体而言，在农村指行政村或自然村，在城市指街道办事处辖区或居委会辖区以及一些城市新划分的社区委员会辖区。对于城市社区的分类研究可总结如表 2. 1 所示。

表 2. 1 城市社区类型研究

分类依据	分类内容
社区特征和功能	传统式街坊社区、单一式单位社区、混合式综合社区、演替式城乡边缘社区。后两类社区在 20 世纪 80 年代以后才成气候，第一类社区是历来就有的，60 年代和 70 年代主要发展的是单一式单位社区（吴缚龙，1992）
	以上海为研究对象，将其城市社区分为：传统街坊社区、单位公房社区、高收入商品房社区、中低收入商品房社区、社会边缘化社区（王颖，2002）
	以济南为研究对象，将其城市社区分为封闭型阶层社区、单位型社区、新兴工薪社区、混合型社区和传统型社区（邹晓燕，2002）
社会关系特征和地理范围	地域型社区和功能型社区（于燕燕，2003）
居民收入水平	高级别墅区、上层居住社区、中上阶层社区、中低收入阶层社区以及贫困阶层社区（吴启焰，崔功豪，1999）
空间分布	城市中心区社区、城乡接合部社区和农村社区（刘君德等，1995）
行政区与社区关系	行政社区和非行政社区（刘君德等，1997）
社区经济、社会结构	传统式街坊社区、单一式单位社区、混合式综合社区、演替式边缘社区、新型房地产物业管理型社区、民族宗教式文化社区、自生区或移民区（张鸿雁，2002）

续表

分类依据	分类内容
社区内居民的阶层组成状况	自然型社区和阶层社区（徐晓军，2000）
社区功能区位形态	工业社区、文化社区、居民社区 中心城区、城郊接合部社区、农村社区 高级商品房社区、一般住宅区（邓伟志，1999）

根据以上综述，本研究综合社区的历史进程、地域属性，借鉴已有研究，可将我国城市社区分为五大类型：

（1）传统市民社区：包括文物保护区、新兴商业区和传统遗留区、传统的市井文化集中地；

（2）单位住宅区：即为以政府、事业单位、大型企业的家属住宅区为核心，是工作单位的附属生活区；

（3）城中村，即为能够享受城乡两种政策优惠却又无须承担城市义务的被城市包围的遗留农村；

（4）城乡接合部的边缘社区，多位于城市远郊，居民为农民与城市居民混合；

（5）新兴商品房小区，包括有高、中、低档和保障性住房小区（蓝志勇等，2011）

2.3.2 社区发展的概念与内涵

进入现代社会以来，社区发展（Community Development）从一个由少部分组织从事的，致力于改变一些穷困城市居住区生活质量的小规模实践活动发展成了社区乃至城市建设中的主流研究，从事相关工作的机构和组织也越来越多。在这种情况下，社区发展成为了城市政治经济学、地理学、社会学、公共管理学等领域的重要组成部分。与此同时，社区发展的研究和实践在全球范围内都引发了重视，诸如世界银行（World Bank）、国际货币基金组织（International Monetary Fund）这类大型的有影响力的国际组织都在推动发展中国家的社区发展方面予以大力支持。

尽管在现代社会发展的今天，尤其是随着市民社会（Civil Society）的兴起，依然有学者认为城市的社区发展日渐式微（Putnam，1995）。全球化使得经济、政治以及社会关系发生重构，科学技术的发展也为集体利益的分享带来了新的路径：比如基于互联网的社会网络以及大量的媒介将越来越多的个体连接到一个共同的文化背景下。企业和金融机构也将其资本推广至全球范围，不断寻找获利更多的经营地点，工人们为了寻找更好的工作机会，在不同地点之间的迁移也更加频繁。这些现象都在一定程度上对社区产生了冲击。尽管越来越多的社会关系或生产活动对地域的依赖性越来越弱，但和居民生活相关的事件和问题仍然离不开社区这一地域范围，如教育、住房、健康管理等（Green et al.，2012；Kretzmann et al.，1993；Robinson et al.，2010）。对社区发展的研究也鳞次栉比，以下对社区发展的概念、内涵、目标、测量和影响因素进行综述。

社区发展是一个既有理论意义，又有实践意义的概念。从公共政策与实践的视角来看，社区发展可以追溯到美国 19 世纪晚期的住房供给和低收入居民补助等福利项目。1915 年 F·法林顿第一次提出了社区发展这一概念，但作为一个学科领域的概念出现，是在第二次世界大战后（顾朝林等，2013）。至 20 世纪 60 年代，美国社区发展合作计划（Community Development Corporations，CDCs）推进了一系列以社区发展为核心的社会政策的出台和实践（C Vidal et al.，2004；Chaskin et al.，2001；Peterman，2000）。至20世纪80年代，该合作计划宣布取消，但越来越多的有资金支持的、以邻里街区为单元的一些组织开始开发可行的社区发展和变化战略。

美国20世纪的进步时代（Progressive Era）忽然爆发的贫穷、高犯罪率以及青少年犯罪案件使得美国开始将注意力从个体发展转移到邻里和社区层面，并开始注重社区公共服务是否能满足居民的真实需求，以及如何从战略层面改善社区和城市在快速发展过程中不断涌现的问题。在这个时期，美国从解决贫困问题着手，开展了一系列的活动，并非常重视公众参与度，积极地制定全国性的公共政策。自此之后，美国的社区发展项目扩展到住房保障、职业能力训练、提供生活物资、教育、医疗服务等。这也使得社区发展覆盖的领域很多，涉及商业、经济、地理、组织行为、社会学、社会网络的活动都可能与社区发展相关。但是贯穿社区发展的最核心的、持续性的理念是社区发展所最为重视的公众参与程度和政策对地域内居民的影响力。

联合国为了解决一些国家所面临的发展问题，通过了390D号议案，也称社区发展计划。1954年联合国社会事务局社会发展组成立，在全世界推进社区发展。1955年发布了《通过社区发展促进社会进步》，提出了十条基本原则：①社区各种活动必须符合社区基本需要和居民愿望；②社区活动可局部地改进地区；③改变居民的态度与改善物质环境并重；④促使居民积极参与社区事务；⑤选拔、鼓励和训练地方领导人才；⑥重视妇女和青年的参与；⑦依赖政府积极广泛的协助；⑧建立全国性的社区发展计划、制定政策、建立行政机构、选拔与训练工作人员；⑨充分运用地方、全国和国际民间组织的资源；⑩地方发展与国家全面的进步相配合。1962年在新加坡又举行了“亚洲都市地区社区发展研讨会”。推动了社区发展实践的不断前进，同时也为社区发展的学术研究提供了重要借鉴和巨大推力。

社区发展理论的研究中很重要的要素在于其地域属性（Wilkinson，1991）。社区发展更多的是指基于地域范围的社区（Community of Place），而不是基于利益共享的社区（Community of Interest）。有关社区发展的文献通常可以分为两大流派：社区内的发展（Development in the community）和社区的发展（Development of the community），两者的区别在于前者强调过程（Process），后者重视结果（Outcomes）（Shaffer et al.，1989）。

举例来说，社区发展是更注重解决地域问题时公众参与度的增加？抑或是有关于有形收益，如工作岗位、商业收入的增长呢？此外，社区发展是指包含居民努力改变其生活质量的活动的社会进程。但它和经济发展（Economic Development）既有联系，也有不同。社区需要提供社会物品、基础设施，甚至要提供工作岗位和收入机会等。这也使得许多社区发展的活动与经济发展十分相关，如进行职业能力训练等。然而社区发展的内涵还是较之经济发展更为宽泛（Robinson et al.，2010）。也有学者认为社区发展是居住在同一个地方的人通过一些社会行动过程（比如规划干预）以改变他们的经济、社会、文化和环境状况。

从实践角度来看，社区发展已经覆盖到全世界，从发达国家到发展中国家，从城市扩展到农村。而社区发展的目的和核心思想也越来越丰富。现在实践越来越多地关注对社区生活质量的改善、社区活动的居民参与度、社区对城镇化进程的贡献度、适应力等。当今之世，已有一百多个国家在执行全国性的社区发展计划，社区发展确有形成新的世界性运动之势（陈涛，1997）。

归根结底，社区发展是必须要明确的概念。然而分析社区发展首先要论述社区和发展两个关键问题。正如前文所述，社区有太多复杂的定义（主要为一定地域内共同生活的居民所组成的共同体和基于共同兴趣、利益聚集起来的人群）（Theodori，2005）。发展（Development）同样有着多种定义，包括现代化、城镇化、工业化、社会或政治变迁、技术进步和经济增长等，这些表现都蕴含着一个核心的观念：发展就是通过改变而实现了一些特定的经济或社会目标（Shaw，2008），这种改变通常体现在社区结构或社区生活。

对于社区发展的定义研究，有学者通过对许多相关定义进行分类整理后，提出了一个较为凝练的定义：社区发展是指一群人在一个特定的地方开始进行一系列社会活动（如有计划地介入，Planned Intervention）来改变他们的经济、社会、文化以及环境现状。从本质上说，社区发展就是有计划的变化（Planned Change）（Christenson et al.，1989）。对社区发展及其实践的内涵，也有不同的解读：①社区发展是一个进程（Process），是一种实施变化的方法，如技术辅助、冲突解决等；②社区发展是一个项目（Program），是一组特定行为活动的组合，比如住房修建、环境改造等；③是一种成果（Outcome），是期望得到的变化的结果，如增加就业、提供社会医疗服务；④是一种意识形态（Ideology），能够为了一种期望获得的结果来重建社会或经济的秩序。

对于社区发展的研究也存在着不同视角和争论，主要的讨论聚焦在以下几个方面：

第一，社区发展是一种改革（Reform）还是一种革命（Revolution）？究竟社区发展应当是通过有计划的改变来对现有的社会体系进行修改（Modify）还是彻底替换（Replace）。

第二，社区发展应当由平民阶层（Populist）还是精英人士（Elitist）来主导？应当由谁来决定这种变化的路径？居民还是科学家、专业规划人员或者选举出来的领导。

第三，社区发展的目的应当偏重于制度、组织或社会结构（Structural）变化还是个人（Individualistic）变化，如个人的行为或能力？

第四，社会发展应当偏重于结果（Outcome）还是进程（Process）？也就是发生的变化应当立即体现在居民生活方面的改善还是致力于开发一种新的社会、经济和政治进程，以引导人类生活走向更好的方向。

对于社区发展的研究思路和方法也不断丰富完善。通过对文献的回顾，针对社区发展理论与实践可以大概分为三种方式：有组织地为社区发展提供技术辅助与支持（Technical Assistance），鼓励社区自我完善和帮助（Self-Help）以及冲突解决（Conflict）。

简单来讲，技术辅助与支持通常关注如何通过现代技术和资源，如医疗健康服务、教育资源、工农业商业资金或资源、信息与知识等方面来帮助社区设计和实践一个或一组项目。在这种方式下，研究者结合自身的专业知识，对社区某种技术或知识的需求情况进行评估，并据此进行研究设计为其提供能够发挥作用的帮助。通常而言，该研究会以实际项目的实践为结果，比如社区规划编制、住房改造项目的推进等。这种研究和实践方式通常由政府、公共部门和非营利组织来推进，产生的结果会影响深远。

社区自我完善方式通常强调社区内的居民应当聚集在一起，学习并掌握如何总结、强调、确定他们所共同面临的问题，并尝试共同寻找出解决的办法。这种方式鼓励一些具有专业技能或商业头脑的居民在社区活动中更加主动和突出，希望他们能够准确地突出强调利益问题并想办法维护或改善。在这种方式下，社区发展的实践者们需要提供他们的实际需求，并结合他们的知识和技能向全体居民描述和分析社区现状与存在的问题，进而社区居民可以了解他们的可能选项以及做出符合他们利益的选择。这种方式通常在社区内部实现，也有区域的发展机构、非营利组织等部门进行参与。

冲突解决方式同样强调社区居民聚集在一起来共同明确他们的需求、培育领导能力和相关知识，并且组织他们自己的行动战略。但前提是假定居民们所面临的问题通常与贫困相关或没有权利改变现状。所以人们在表达诉求和争取利益的时候会不可避免地与更富有或更有权利的阶层发生冲突。而冲突解决方式则会帮助这些相对贫困弱势的居民发现自身的权利，因为他们的人数更多，同时也有司法制度来保障公平和他们的权利需求（Korten，1980）。这种方式有明确的核心思想：扩展民主的最重要的因素就是承诺（Stoecker，2009）。这种方式更多地面向于邻里街区和社区组织，尤其是在城市区域（Gittell et al.，1998），许多区域和国家组织，如环境保护组织也会致力于这种方式的社区发展。

整体而言，任何一种推动社区发展的方式都会促使政策变化、项目推进或资源补充等，其中不同的方式通常应用在特定类型的社区中。以城市社区为例，技术辅助与支持和冲突解决方式较为常见。城市社区有许多以社区为服务对象的组织、机构，并且非常关注社区的经济发展。这些组织和人员的影响甚至渗透到了居民的日常行为和整个城市的发展（Funk，

2010；Rubin et al.，2007；Smock，2006）。

中国近30年来的快速城镇化进程带来了许多前所未有的社会问题，给城市的管理和发展提出了新的挑战。其中值得重点关注的一个挑战就是如何改造、更新和发展城市社区（李东泉等，2012）。通过对我国自建国以来社区发展历程的回顾，可以提炼出社区发展时间的特点和问题，并据此提出我国应当采用一种政府主导培育社会组织，与社区居民、非营利组织等共同进行多元合作的特色战略（李东泉，2013）。改革开放以来，中国的城镇化过程快速发展，国家和地方的行政力量一定程度上影响了社区的自然发展，这会形成外力推动下的新社区超速整合和旧社区的衰退与失落，留下社区文化和认同感的真空（蓝志勇等，2011），这需要从公共政策的视角，推动社区发展，关注社区居民的生活质量和意识。

我国的社区发展研究与社区管理、社区建设、社会发展等领域密不可分，综合研究较多。陈涛开展了以社区发展为核心内容的研究，他梳理了社区发展实践的起源和扩展，借鉴了联合国社区发展的理论和原则，提出了社区发展存在两个部分：领导和推动社区发展的工作者以及以社区居民为主体的服务对象。在这样的分类基础上，提出社区发展方法可以分为创新改革式、改变习俗式、行为改变式、过程取向式。根据社区发展实践手段的特点，将社区发展分为地方发展模式、社会计划模式以及社会行动模式（陈涛，1997）。

此外也有学者认为社区服务、社区建设和社区发展的关系进行的关键是后者。认为没有社区发展社区建设就缺乏物力驱动，社区服务就缺乏财力保障，并从社区的概念和社区发展的概念中推演出社区发展的模式，包括社区体系模式、社会冲突模式、社会参与模式、计划变迁模式、政府授权模式、社会参与模式和文化创新模式（夏学銮，2001）。

也有学者探索了我国社区发展的现实意义，认为社区发展有利于增强整个社区的凝聚力和吸引力，对推动社会主义精神文明建设有着促进作用，是丰富居民社会文化生活的重要途径，有利于加强社区管理，推动基层政权建设工作，对当前实现政府职能、企业职能的转变有重要意义（文军，1998）。

随着城镇化进程的不断推进，我国基层管理体制的不断改革，社区参与、居民自治成为我国城市社区建设和发展的重要部分。社区发展在一定程度上也以推进社区的全面发展为主旨。这意味着社区发展不只局限于经济的发展和生活条件的改善，同时也谋求社区的社会、文化层面的发展。通过发展社区教育和文化事业、开展创新活动，提高社区居民的文化水平，建立良好的人际关系和社会环境，增强社区居民的民主意识和自治能力便尤为重要。

另外，有关社区发展中的居民参与、居民自治等研究日益丰富和完善。有学者认为当前我国社区发展居民参与程度不高，并对其原因进行分析，包括："单位参与意识"存留较强，社区管理方式偏行政化，现代都市生活特征对其存在制约等（陈雅丽，2002）。也有学者认为社区参与是社区发展的动力。在我国整个社会发生巨大变化的时期，原本由政府和企业承担的社会性事务逐渐归至社区活动中，社区的功能和作用愈加凸显。这就需要我们从制度设计到具体实践中都要为社区参与创造条件。包括更新社区管理的理念，进一步完善社区参与的环境，加大培育非营利组织，加强对社区居民的教育培训等（徐辉，2005）。

城市社区发展与城市规划的思想、理论和实践息息相关。有许多规划学者对社区发展展开了研究。现代城市规划的根基在于人本主义，但有学者认为我国近期的城市规划在一定程度上忽视了以人为本的指导思想。社区发展与城市规划的有机结合则正是适应新型城镇化发展趋势，回归城市规划核心要义的必然（陈大鹏，2002）。有学者从社区发展的实践出发，认为社区发展体系涉及四个方面：社区的主体，即社区成员的发展；和社区互动相关的规范的社区共同意识的培育；涉及社区管理的组织和机构及其管理机制的完善；对社区自然资源、公共服务、基础设施等物质环境的改善。从城市规划角度上来看，推进社区发展要构建完整意义的社区规划，则需要重点考虑社区发展的动力来源、社区的类型、规划过程以及社区居民的人群需求特征（赵民等，2006）。

有学者对制约我国城市社区发展的因素进行了归纳总结。他认为延续了几十年的单位制度影响了居民的生活方式，违背了社区“互助、互利、互感”的原则。同时社区居民自身对社区发展的需求呼吁不强烈，过度依赖于政府部门进行社区工作也是限制社区发展的原因之一（王文元，2000）。也有学者认为我国社区发展受到“强国家、弱社会”的结构性约束。因此社区发展需要经历国家主导的政府行动阶段向国家引导的社会行动阶段转变，而这个转变则主要涉及四个过程：政府社会职能社区化过程、部门社会职能协作化过程、政府社会职能社会化过程和居民自治组织化过程（陈伟东等，2010）。

有学者对社区发展和社会资本进行研究，认为社会资本与社区发展之间存在着十分密切的关系。社区发展涉及物质生活水平的改善和社区各项资源的丰富，也包括社区内更为密切的社会网络关系，而支撑社区发展的这些因素则可被视为社会资本的基本要素。社会资本总量的多寡与分布状况则决定了社区活力和凝聚力的强弱以及社区治理的绩效和效率（王玉宝等，2007）。

有学者认为城市社区发展是我国宏观需求与微观需求结合的必然结果，其中的居民参与是十分重要的一个推动力，同时指出了我国目前的社区实践明显地表现出居民参与不足，在中国尚缺乏一个具有社区意识的市民体系，而政府手中掌握着国家和地区经济及社会发展的总政策，控制着社区发展赖以推进的物质资源。应当主张政府将社区发展权力下放，培育社区组织，居民个人也应更多地主动融入社区生活，为个体和社区的公共生活与利益做争取（李婷玉，2001）。

2.3.3 社区发展的目标与影响因素

社区发展的核心要义在于通过有计划的改变来实现当前社会、经济、政治等方面生活的改善。联合国在推进社区发展的过程中，提出了十条基本原则，在一定程度上指明了城市发展的努力方向。在此基础上，有研究关注了城市社区发展的目标。其中以联合国的相关文件为参考，社区发展的目的包括：倡导社区居民的互助合作精神，鼓励他们尽量通过自力更生来解决社区发展过程中的问题；培育社区居民的民主意识，引导他们积极参与所在社区的公共事务；进一步加强社区整合来推动社区的变迁，以此加快社会进步的步伐。

在上述社区发展目的的指引下，联合国又制定了与之相对应的社区发展具体目标。第一，直接目标：帮助社区识别成员的公共需求；帮助社区有效地开展各种救助互动；帮助社区对社区资源进行合理的开发利用；帮助社区改善社区成员的物质文化生活水平。第二，终极目标：政治发展目标，即培育社区居民的民主意识和自治能力，大力发展各种社区组织；社会发展目标，即建立和谐的社区关系以及合理的社区结构；经济发展目标，即大力改善社区的经济收入水平；文化发展目标，即倡导积极健康的伦理道德，大力推动社区文化教育事业的发展（梁维平，1991；崔树义，2001；夏学銮，2003）。

也有学者提出，社区发展就是要协助社区成员分析问题、发挥其自主性的工作过程，目的是形成居民及社区社会组织对社区的共识，鼓励他们通过自助和互助解决社区问题。一般而言，社区发展模式的介入目标可以分为任务目标和过程目标。任务目标就是解决社区共同面临的具体而实际的问题，或者是完成某一特定的具有实质性内容的社区工作项目。通常来说，社区发展的任务目标主要有社区经济建设、社区公共基础设施建设、社区社会事业发展、社区文化教育发展、社区生态环保建设等。过程目标指各种社会网络的重新确立以及长期的制度和社区组织的建立。社区发展的实质是帮助社区具备一种能力，去做他们想做的事情。因此，提升居民自主互助、民主协商、采取集体行动解决问题的能力，是最重要的过程目标。社区发展模式强调过程目标依托任务目标来实现，两者相辅相成、互相促进（李莉，2014）。

中央城市工作会议为当前和今后的城市工作提出了指导思想：全面贯彻党的十八大和十八届三中、四中、五中全会精神，以邓小平理论、“三个代表”重要思想、科学发展观为指导，贯彻创新、协调、绿色、开放、共享的发展理念。其中五大发展理念，既是我国城市发展、城市社区发展的指导思想，也是发展的重要目标，需要我们为之努力。

对于影响社区发展的因素，并没有研究对此进行系统梳理。但从文献中可以进行提炼。首先，社区发展强调组织对其影响，包括政府和社会组织的作用。其中，有研究认为政府、营利部门和非营利部门都会对社区发展有巨大影响，分别体现在政府可以颁布实施对城市社区发生影响的项目和政策；而以企业为主的营利部门也可以通过在社区范围内进行经济建设等活动对社区发展产生影响；非营利组织则可以通过提供社会服务、加强居民间联系等多种多样的方式对社区发展产生影响（陈欣，2008；刘长运，2013；崔茂华，2006；于燕燕，2000；侯玉兰，2001；陈临沛，2012；毕霞，2011；潘泽泉，2008；毛军权，2010；王新文，2002；陈伟东，2010）。社区居民作为社区的主人，其对社区的归属感、满意度和社区活动的参与程度也是影响社区发展的重要因素（风英华，2008；贺妍，2004；陈家喜，2003；陈雅丽，2002；李婷玉，2001）。

随着对社区研究的逐渐深入，居民的社区归属感与满意度逐渐成为研究热点。有学者认为社区归属感是决定社区存在和发展的重要前提，这取决于居民在社区中所感受到的满意度，根源在于居民的社区生活质量。同时开发了居民社区归属感和满意度的评价指标体系，并进行了测评。根据数据可以得出我国社区建设的重点应当定位于环境的优化建设、以居民的实际需求为主导，不断提高其满足感（单菁菁，2008）。

有学者以社区组织为研究对象，讨论应如何构建适应城市经济、政治、文化发展需要的社区组织管理体制新模式。该研究认为我国社区组织在管理体制方面存在结构不合理、职能不明确、目标不科学、制度不健全等问题。该研究还总结了在社区组织管理体制改革进程中的不同模式：行政主导型、半行政半自治型、自治型，并探索性地提出了一种改革的模式和路径，认为应当明晰社区组织结构功能、实现社区党的建设属地化、健全相关的法律制度、提升社区居民的参与意识（张立荣等，2001）。

对于城市社区的社会资本研究，也有学者提出了一种测量方式，认为社会资本涉及这几个变量：①对社区的参与；②信任和安全感；③邻居间的关系；④家庭的联系；⑤社区规范；⑥社会价值观；⑦其他因素。认为在培育社区社会资本时，应当注重让社区个体积极参与社区建设活动，注意营造社区共建的氛围，注重培育和引导各类社区的非营利组织的建设，完善社区信任网络和体系（隋广军等，2002）。

2.4 小结

2.4.1 城市社区是解决城镇化问题的重要层面

多种理论都已经论证，城镇化是一个具有阶段性特征的持续性进程。把握好城镇化的发展规律有助于整个经济社会的协调发展。我国现阶段已处于城镇化进程的关键阶段，由于我国独特的政治经济文化情况以及世界罕见的城镇化速度，城镇化也带来了许多问题：在产业上，工业化、城镇化、农业现代化存在发展落差，在速度上也并不同步，城乡差距、城市间差距、区域差距都较大。城市空间布局不合理，土地的建设速度和人口的聚集效应不相匹配，存在有的地区过分拥挤，有的地区过分稀疏的现象。城市基础设施建设仍有缺失，城乡居民在享受基本公共服务时不平等，城市价值文化复杂多元，城乡居民之间有文化隔阂。资源环境利用和开发过分粗放，非可再生资源明显吃紧，环境污染严重等。

虽然这些城镇化问题非常宏观，但其产生于城镇化的建设和推进过程中，是每个城市居民、每个城市社区在建设和发展过程中积累的。城市是由诸多城市社区构成的有机体，城市社区发展涉及“社区的发展”和“社区内的发展”两个方面，这两个方面与城市乃至整个社会存在着有机的相互关系。要想解决城镇化所面临的各项问题，无论在政策还是具体实践上，都要以城市社区为抓手。

首先，城市空间布局的优化能够以通过城市社区的合理规划得以实现；

其次，城市经济转型升级也能够以社区的经济发展为契机，通过社区的第三产业发展为整个城市的产业发展助力；

最后，城市社区是吸纳外来人口，缓冲人口流动最主要的层面，更是集中体现、传承和发展城市文化的基本场所。社区承载着最基本、最频繁和最大规模的城市生产生活活动，对资源和环境也有着最复杂的要求。要想解决城镇化进程中面临的诸多问题，就必须将问题落在实际，具体到社区层面，将相关政策细化完善，宏观视角与微观实际相结合。

2.4.2　城市社区发展是推进新型城镇化的具体操作

正如前文所述，社区发展是一种有计划的变化，指一群人在一个特定的地方开始进行一系列社会活动来改变他们的经济、社会、文化以及环境现状。结合我国的城市发展现实，具体到我国城市社区发展而言，指的就是在城市中的某个社区内，由该社区的居民、相关的社区组织以及不同层级的政府立足于其自身的需求和职能，计划并开展一系列的社会活动来改变社区、城市乃至社会的经济、社会、文化和环境现状。新型城镇化既包括城镇化所涉及的城市空间扩展、产业结构升级增长、人口集聚流动、城市社会文化传承与创新、资源环境的合理开发利用，同时又在指导思想、价值观念、实践路径和方法上面有创新和突破。据此，通过微观层面的城市社区发展可以对新型城镇化的进程做出巨大贡献。

在“创新、协调、绿色、开放、共享”的发展理念指导下，城市社区通过对其自身创新与学习能力的建设和提升，可以在社区管理、交流、合作等方面实现思想理念、技术手段、工具等多方面的提升和进步。

城市社区发展有许多维度，其中在创新与学习氛围的营造、活动的广泛开展过程中，一方面可以丰富和宣传城市文化，另一方面也可以促进城市人口的交流和融合。在社区协调程度的提高过程中，通过邻里协调活动的开展和设施的完善以及基本生活功能的满足，使以第三产业为主导的社区经济得以发展，进而积小成大地推动城市经济的转型升级。

在社区环境改善过程中，一方面会对社区进行景观营造和绿化设计，另一方面也会对社区内的环境污染进行防治，这两方面的成就都会对城市的环境改善做出贡献。城市社区的开放和共享则突出地发挥了城市社区对人口流动的吸纳和包容，在解决城镇化进程中人口的失落、隔绝等问题中发挥重要作用。

2.4.3 城市社区发展需要科学的战略政策指导

任何一个城市在不同的阶段都会面临着空间、经济、人口、文化、环境等方面或大或小的问题，这是城镇化进程的必然。我国在推进新型城镇化的进程中，就需要以这些问题为导向。前文已经论述，城市社区发展与城镇化、新型城镇化存在的问题和应对策略都息息相关。所有城市和城市社区的问题都不是暂时的，都有深层的根源和深远的影响，因此在解决问题时不能秉持着追求一劳永逸的侥幸思想。根据已有文献综述可知，发展战略是指主体对社会整体或某一领域未来发展的总体构思与对策。结合到城市社区发展而言，战略就是指在当前的背景和形势下，政府对社区发展的现状和存在的问题有所认识和把握，针对其发展问题，分析现有的涉及人口、资源、环境、文化等多方面的战略环境，给城市社区发展提供一个长远的规划，并为其实践提供有效的路径设计。

战略具有统领和指导的意义，是基于现实情况，致力于解决问题和完善现状的一种长远的计策。城市社区发展涉及的主体多元、问题复杂、影响深远，非常需要符合实际发展需求的科学性战略来予以指引。因此，对城市社区发展战略进行研究和探索有着重要意义。

3

我国城市社区发展的历程回顾和政策梳理

对我国城市社区发展历程进行回顾，可以更好地认识现阶段社区发展的现状与存在的问题。尤其是从不同时期的政治、经济、文化背景出发，关注城市社区在不同时期的基层治理方式、基层组织结构、发展状态，在一定程度上可以对问题的根源进行探索。

3.1　我国城市社区发展的历程回顾

我国最早的社区建设可以追溯至20世纪初期，这是在国际上推行“民众教育”“合作事业”等社会改良运动的背景下而发生的。这一时期的社区建设或发展活动比较局限，如1924年晏阳初在河北推行平民教育，1927年陶行知在江苏各地创办学校，1929年梁簌溟在山东推行的乡村建设活动等（李景峰等，2004）。这一时期的社区发展活动的范围小、内容单一、影响弱，且主要在乡村地区开展。这种特征与当时的社会经济情况密不可分，但在一定程度上反映出了社区发展思想在中国的传播和渗透。

1949年中华人民共和国成立后，先后在农村和城市地区推行了不同的基层管理体制。在农村地区推进了土地改革和农村合作生产，之后建立了人民公社制度。在城市则建立了一种以国家为绝对权威，通过单位组织来控制和分配资源的模式，也称“单位制”。

单位制作为我国社区尤其是城市社区长期存续的一种建制和管理方式，具有非常突出的特征。单位是为了适应计划经济体制而设立的一种特殊的组织形式，是集政治、经济与社会三位一体的组织（何海兵，2003）。首先，单位制的城市聚居区域有着非常全面的功能，它的全面性也是其最本质的特征，呈现一种“单位办社会”的社会现实。早在建国初期，我国各行各业百废待兴，国家的全面建设都面临着资源匮乏、技术落后的困境。这时国家层面只能进行强制要求，利用各级单位组织进行社会的管理和控制，进而对有限的资源进行配置。尤其是这个时期的企业，多为国家所有，在承担商品生产和经营的同时，还要履行许多现在意义上的社会职能。不仅要为职工提供工作岗位和薪酬，而且要解决其日常生活中面临的各种问题，包括民政生活、医疗卫生、教育、社会保障等。这段时期行政体系和命令管理着全社会的经济、文化、政治生活，单位成为了基层行政组织。此外，城市居民作为单位成员对单位组织有非常强的依附性。单位掌握的不仅包括日常生产生活所需要的物质资源，也包括信息资源、社会认同、发展机会等制度性资源，单位垄断了所有资源，这就导致居民无法脱离单位而独立生存。同时，单位制时期整个社会呈现一种非常封闭的状态。由于居民的一切需求都可以在单位附近的区域解决，居民之间的交往非常少。同时由于国家在户籍、人事制度上的严格控制，城乡之间、单位之间的人际流动也非常困难。单位制明显地隔绝了居民之间、居民与社会、居民与国家之间的有机联系，同时单位职能的极大化也导致社会运行效率的低下。从居民个人到单位组织到国家，都缺乏发展的动力，这也使得单位制的逐渐解体成为必然。

随着改革开放的不断推进，由国家集中控制、统一分配的经济社会管理模式也遭到冲击，尤其是随着现代开放的工业化和城镇化发展，我国的所有制结构也有所变革。在我国持续了几十年的单位制度日益弱化甚至瓦解，主要体现在以下几个方面：首先单位制的存续条件日益淡化。随着改革开放对经济体制的改革，资源配置方式已经改变。居民的生产生活活动、个人发展的需求都有着丰富的资源可供选择，人际交往和人员流动也不再受限。随着城镇化的不断推进，城市问题越来越多且越来越复杂，单位制已经很难处理好这些复杂的社会问题。原来由单位掌握的许多社会职能也逐渐分离，基层管理体制走向了一个更为科学的轨道。社区制作为社会基层管理的单元开始出现，我国越来越重视城市社区的建设和发展。居民也开始从“单位人”向“社区人”转变。

在20世纪上半叶，中国城市社会控制方式的转型主要是从传统社区向法定社区（市政层级）演变，在20世纪下半叶则经历了一个否定之否定的过程，先由以法定社区为主转向以单位体系为主，然后又开始由单位制向社区制回归（华伟，2000）。在以单位制为我国基层管理模式主体的同时，另一种以街道办事处和居民委员会为管理主体的街居制也存续了一段时间。街居制以1950年天津首次成立居委会为开端。1954年，全国人大第四次会议上制定并通过了《城市街道办事处组织条例》和《城市居民委员会组织条例》，在行政建制上对其予以肯定，并明确了这两种组织的职能和任务。进入20世纪60年代，街道层级的机构权利迅速扩张，在城市成立人民公社后，其管理整个城市基层生活的所有内容，涉及经济生产活动、行政司法活动、社会保障活动等，尤其在文化大革命期间，街居体系甚至涉及军事活动。然而随着十一届三中全会的召开，街居制及其组织机构恢复了正常的职能和工作内容。1989年，全国人大通过并颁布了《中华人民共和国城市居民委员会组织法》，街居制及其管理活动开始逐渐走向正轨。

然而随着城镇化进程的不断推进，街居制也已经不再适应时代发展潮流，一些问题开始涌现。比如随着单位制的逐渐解体，大量原本由单位承担的社会职能向街道和居委会转移，甚至超出了其能力范围。此外我国社会也发生着剧烈的变化，城市人口激增、老龄化程度日益严峻、影响社会稳定的因素越来越多等，这都为街居制带来了源源不断的挑战。尤其是街道和居委会是最基层的管理机构，其职能和资源都十分有限，问题超出了街居制的能力和资源的承载，街居制也面临着日益瓦解的挑战。

在改革开放的大背景下，为了顺应城镇化发展的趋势和经济发展的需求，国家开始重视经济体制和社会保障制度的完善，我国民政部提出要在城市基层开展以民政对象为服务主体的社区服务，这是我国第一次以国家政策文件的形式提出“社区”这一概念，这也标志着单位制向社区制转变的开端。此后，1989 年 12 月 26 日全国人大通过了《中华人民共和国城市居民委员会组织法》，这是我国第一次将城市基层管理制度纳入法律体系。该法律在设定居委会工作职责时提出，居民委员会应当开展便民利民的社区服务活动，在法律条文中设定了“社区服务”这一概念。此后，1998 年国务院在部门职能调整中将推进社区建设的职能和义务划归民政部。1999 年，民政部启动了“全国社区建设实验区”工程。2000 年 11 月 3 日，中共中央办公厅和国务院办公厅转发了《民政部关于在全国推进城市社区建设的意见》，为城市社区建设和发展提供了国家级的政策指导。

单位制向社区制转变有着深刻的理论根源和现实需求。从理论上来看，社区制是国家还权于社会的必然途径。从现实上来看，社区制是顺应城镇化进程和经济社会发展的必然趋势，也是社区居民个人发展的实际要求。社区制面向的对象为社区居民，其工作的主旨是管理与服务并重。从管理形式来看，社区制注重居民的参与和互动；从发展理念来看，社区制强调社区发展，以为社区居民营造良好的社区生活为目标；从政府的角度来看，已经将社区建设与发展上升到改革、发展和稳定的高度（王思斌，

2000)。据此可以解读政府对社区发展的目标设定：为城市的社会经济发展提供支持，缓解社会压力与解决社会问题，为城市居民提供更好的生产生活环境。同时推动城市社会基层管理改革和社会组织的培育。

3.2 我国城市社区发展的政策梳理

我国在不同的时代背景和现实需求下，相继出台和颁布了许多有关社区发展的法律法规、部门规章等政策文件，以下以时间为序对已有政策进行总结归纳。

早在1954年12月31日，全国人大常委会便颁布了《城市居民委员会组织条例》，居委会的性质、地位和作用首次以法律条文的形式确定，从法律制度上明确了我国基层管理机构的地位。至1982年，全国人大常委会通过的《中华人民共和国宪法》进一步明确规定了居民委员会的性质、任务和作用，指出居民委员会是基层群众性自治组织，办理本居住地区的公共事务和公益事业，调解民间纠纷，协助维护社会治安，并且向人民政府反映群众的意见、要求和提出建议。

至1989年12月，全国人大常委会又进一步通过了《中华人民共和国城市居民委员会组织法》和《城市居民委员会组织条例》，更加确定了城市居民委员会的性质、地位、任务、选举、经费来源等，并第一次把开展便民利民的社区服务活动规为居民委员会的一项主要职责。这一阶段，我国的城市社区发展政策主要以基层居委会建设为重点，对这一级基层管理组织在法律上予以支持。

1993年8月27日，民政部等14个部委联合颁布了《关于加快发展社区服务业的意见》，为社区服务的发展提出了目标、要求和基本任务，并制定了相关的扶持保护政策。

2000 年 1 月，民政部再次制定了《民政部关于在全国推进城市社区建设的意见》，其中阐述了社区建设的内涵、目标、意义、指导思想和主要内容，提出今后 5~10 年社区建设发展的目标是：努力建设管理有序、服务完善、环境优美、治安良好、生活便利、人际关系和谐的新型现代化社区。要从拓展社区服务、发展社区卫生、繁荣社区文化、美化社区环境、加强社区治安等方面促进城市社区建设工作的开展。

2001 年 7 月 27 日，民政部进一步提出《全国城市社区建设示范活动指导纲要》，强调社区体制改革创新，明确政府和社区的职责，社区居民委员会依法自治，“民主自治”成为社区建设的重要内容之一。这一时期，“城市社区”这一概念开始进入国家战略政策的范畴。

2002 年 11 月 8 日，中国共产党第十六次全国代表大会发布了《全面建设小康社会，开创中国特色社会主义事业新局面》这一重要文件。文件提出，要加强公共服务设施建设，改善生活环境，发展社区服务，方便群众生活。完善城市居民自治，建设管理有序、文明祥和的新型社区。高度重视社区党的建设，以服务群众为重点，构建城市社区党建工作新格局。

至 2004 年 11 月 22 日，《中共中央组织部关于进一步加强和改进街道社区党的建设工作的意见》得以颁布执行，提出了街道、社区党的建设工作的指导思想。要坚持以保持党同人民群众的血肉联系为核心，以服务群众为重点，构建城市社区党建工作新格局，提高街道、社区党组织的创造力、凝聚力和战斗力，扩大党在城市工作的覆盖面，为创建管理有序、服务完善、环境优美、文明祥和的新型社区，为城市现代化建设提供坚强的组织保证。

2006年3月14日，《中华人民共和国国民经济和社会发展第十一个五年规划纲要》在中共十六届五中全会发布，提出必须促进城乡区域协调发展。要从社会主义现代化建设全局出发，统筹城乡区域发展。坚持大中小城市和小城镇协调发展，提高城镇综合承载能力。加快破除城乡分割的体制障碍，建立健全与城镇化健康发展相适应的财税、征地、行政管理和公共服务等制度，完善行政区划设置和管理模式。把社区建设作为本时期的公共服务重点工程，是经济社会发展的重要内容和目标，把社区发展提到重要的战略地位。

2006年5月7日，国务院发布《关于加强和改进社区服务工作的意见》。该意见指出，做好社区服务工作对于提高居民生活质量、扩大就业、化解社会矛盾、促进社会主义和谐社会建设都具有重要意义；要逐步建立与社会主义市场经济体制相适应，覆盖社区全体成员、服务主体多元、服务功能完善、服务质量和管理水平较高的社区服务体系，努力实现社区居民困有所助、难有所帮、需有所应。

2007年5月，民政部和国家发展与改革委员会联合发布了《“十一五”社区服务体系发展规划》，对“十一五”期间的社区服务体系建设与发展的指导思想和基本原则、主要发展目标和重点建设任务、发展的方向和保障措施等做了详细部署。

2007年10月25日，中国共产党第十七次全国代表大会报告《高举中国特色社会主义伟大旗帜为夺取全面建设小康社会新胜利而奋斗》指出：要把城乡社区建设成为管理有序、服务完善、文明祥和的社会生活共同体。坚持把发展公益性文化事业作为保障人民基本文化权益的主要途径，加大投入力度，加强社区和乡村文化设施建设。强调党的基层组织是党执政的组织基础。要落实党建工作责任制，全面推进农村、企业、城市社区和机关、学校、新社会组织等的基层党组织建设。

2008 年 1 月 1 日，《中华人民共和国城乡规划法》通过并施行。该法律为加强城乡规划管理，协调城乡空间布局，改善人居环境，集约高效合理利用城乡土地，促进城乡经济社会全面科学协调可持续发展提供了法律依据。

在此基础上，2008 年 10 月《全国和谐社区建设示范单位指导标准（试行）》颁布。该指导标准包含《全国和谐社区建设示范城区（市）指导标准（试行）》《全国和谐社区建设示范街道指导标准（试行）》和《全国和谐社区建设示范社区指导标准（试行）》三项，为和谐社区建设提供了有效的参考依据。

2009 年 11 月 25 日民政部颁布了《关于进一步推进和谐社区建设工作的意见》，提出了进一步推进和谐社区建设工作的总体思路和目标要求：把所有城乡社区全面建设成为管理有序、服务完善、文明祥和的社会生活共同体。进一步健全以基层群众自治为基础的新型社区管理体制机制；进一步完善以民生需求为导向的新型社区服务体系；进一步繁荣以增强社区凝聚力为宗旨的城乡社区文化；进一步加强以城乡统筹为重点的社区党建工作；进一步推进农村社区建设工作等五个方面提出了推进和谐社区建设的主要任务。

2010 年 8 月 26 日，中共中央办公厅和国务院办公厅联合发布了《关于加强和改进城市社区居民委员会建设工作的意见》。其中总结和提炼了近些年来我国城市社区居民委员会建设的实践经验和创新成果，从组织者、推动者和实践者的高度肯定了社区居民委员会在居民自治中的重要地位，从把握思想、明确职责、健全组织等八个方面，提出了加强和改进城市社区居委会建设的政策意见，集中反映了我国对城市社区居民委员会建设工作的最新认识和城市基层社会结构变化和发展规律。

2011年3月16日，《中华人民共和国国民经济和社会发展第十二个五年规划纲要》发布，再一次从国家战略角度提出了城市社区发展的相关思想，包括坚持以人为本、节地节能、生态环保、安全实用、突出特色、保护文化和自然遗产的原则，科学编制城市规划，健全城镇建设标准，强化规划约束力；提出要全面开展城市社区建设，积极推进农村社区建设，健全新型社区管理和服务体制，把社区建设成为管理有序、服务完善、文明祥和的社会生活共同体；完善社区治理结构；健全社区党组织领导的基层群众自治制度，推进社区居民依法民主管理社区公共事务和公益事业，实现政府行政管理与基层群众自治有效衔接和良性互动；要完善社区居民委员会组织体系，加强城乡接合部、城中村、流动人口聚居地等的社区居民委员会建设；积极培育社区服务性、公益性、互助性社会组织，发挥业主委员会、物业管理机构、驻区单位积极作用，引导各类社会组织、志愿者参与社区管理和服务；鼓励因地制宜创新社区管理和服务模式，构建社区管理和服务平台，健全基层管理和服务体系，推动管理重心下移，延伸基本公共服务职能。

2011年12月29日国务院办公厅发布了《社区服务体系建设规划（2011—2015年）》。明确了社区服务的发展现状及“十二五”期间社区服务的指导思想、基本原则和发展目标，提出“发展多层次、多样化的社区服务，完善社区服务设施网络，加强社区服务人才队伍建设，推进社区服务体制机制创新”四项重点任务，以及“社区公共服务设施建设工程、社区服务人才队伍建设工程、社区服务信息化建设工程”三项重点工程；并提出加强社区服务法规制度建设和标准化建设、加大社区服务体系建设资金投入、完善社区服务扶持政策、健全领导体制和工作机制、积极开展国内外合作与宣传等方面的政策措施和组织保障。

2014 年 3 月 16 日，《国家新型城镇化规划（2014—2020 年）》颁布实施。其中在社区自治、社区养老服务、社区卫生、农村家庭的社区融入、城乡接合部的社区化、社区组织建设方面都有部署。

2015 年 11 月 3 日《中共中央关于制定国民经济和社会发展第十三个五年规划的建议》发布，提出要推进以人为核心的新型城镇化；提高城市规划、建设、管理水平；要根据资源环境承载力调节城市规模，依托山水地貌优化城市形态和功能，实行绿色规划、设计、施工标准。

2015 年 11 月 9 日，中央全面深化改革领导小组颁布了《关于深入推进城市执法体制改革改进城市管理工作的指导意见》。其中提出要健全社区管理网格，充分发挥社区作用、培育社区组织、完善社区协商机制、建设社区公共服务设施和综合信息平台。

2015 年 12 月 20 日，中央城市工作会议召开以来，会议精神为当前和今后的城市工作提出了指导思想：全面贯彻党的十八大和十八届三中、四中、五中全会精神，以邓小平理论、“三个代表”重要思想、科学发展观为指导，贯彻创新、协调、绿色、开放、共享的发展理念，坚持以人为本、科学发展、改革创新、依法治市，转变城市发展方式，完善城市治理体系，提高城市治理能力，着力解决城市病等突出问题，不断提升城市环境质量、人民生活质量、城市竞争力，建设和谐宜居、富有活力、各具特色的现代化城市，提高新型城镇化水平，走出一条中国特色城市发展道路。

此外，在社区建设和发展的多个具体层面，也有许多具体的政策出台，其代表性的政策如表 3.1 所示。

表 3.1 有关城市社区的专业领域政策（选）

颁布时间	政策名称	颁布部门
1994 年	《城市新建住宅小区管理办法》	建设部
1999 年	《关于发展城市社区卫生服务的若干意见》	卫生部等十部委
2000 年	《关于加强社区残疾人工作的意见》	民政部等十四部委
2002 年	《关于加强社区警务建设的意见》	公安部、民政部
2003 年	《物业管理条例》（2007 年修订）	国务院
2005 年	《关于进一步做好社区组织的工作用房、居民公益性服务设施建设和管理工作的意见》	民政部等十部委
2005 年	《关于进一步做好新形势下社区志愿服务工作的意见》	民政部等九部委
2006 年	《关于发展城市社区卫生服务的指导意见》	国务院
2006 年	《关于印发城市社区卫生服务中心、站基本标准的通知》	卫生部、国家中医药管理局
2006 年	《关于印发城市社区卫生服务机构设置和编制标准指导意见的通知》	中央编办等四部委
2006 年	《关于加快发展养老服务业意见的通知》	国务院办公厅
2008 年	《关于全面推进居家养老服务工作的意见》	全国老龄办等部门
2013 年	《国务院关于加快发展养老服务业的若干意见》	国务院
2015 年	《关于开展社区卫生服务提升工程的通知》	国家卫生计生委办公厅、国家中医药管理局办公室
2017 年	《民政部关于大力培育发展社区社会组织的意见》	民政部
2019 年	《国务院办公厅关于推进养老服务发展的意见》	国务院

通过梳理以上政策，可以总结出以下几点。

第一，我国的城市建设和城市社区发展政策具有很强的时代特性。以“单位制”为城市基层管理的主要模式时，我国重视居委会组织的权利和义务，并出台组织条例。但同时，在改革开放以前，我国经济、社会和城市发展都被经济体制和资源分配方式局限，对城市及其社区发展的重视相对较少，这一期间出台的政策数量也只有一项。随着改革开放的不断深入，我国城镇化进程快速推进，“社区制”逐渐取代“单位制”。我国从法律体系开始，为城市社区发展打下了良好的法律基础。这时政策多聚焦于城市基层管理体制，如街道和居委会的职能设定，并鼓励城市社区承担起部分社会服务的工作。进入 21 世纪后，经济与城市发展都进入了一个更加快速、全面的崭新阶段，城市社区发展的现实状态和未来需求都发生了巨大变化。国家也十分重视城市社区的建设和发展，在国家战略、法律法规、部门规章等方面也与时俱进地为社区发展提供新的战略指导。自 2000 年后，我国相继颁布了近二十项国家政策。2015 年，我国再次召开中央城市工作会议，为城市发展提出了“贯彻创新、协调、绿色、开放、共享”的发展理念，坚持以人为本、科学发展、改革创新、依法治市，转变城市发展方式。这一阶段的城市社区发展也注意切合实际，在指导思想、发展目标、组织管理、人才建设等方面不断革新，顺应了我国经济、社会发展的趋势，努力应对城镇化进程中不断出现的各种问题，十分关注城市社区的未来发展。

第二，政策制定主体集中且全面。从以上政策梳理可以看出，我国政策包括法律法规的颁布部门——全国人大常委会，党和国家战略政策的颁布部门——中共中央、全国人大，许多以城市社区为对象的政策颁布部门——民政部、发展与改革委员会及其他国家部委。这些政策主体最大程度地保障了政策的实施效力，并能够更好地保障政策的渐进式完善。

第三，政策主题或内容覆盖面较广。在国家战略政策的指导下，许多涉及城市社区发展具体内容的政策也相继出台，包括社区卫生、社区养老、社区组织培育和管理、社区建筑管理等。

推进城市社区健康持续发展的关键在于合理、有效地使用政策工具，我国自建国以来，随着对经济、社会、城市、资源、环境的现实与发展需要认识的不断深入，已经制定并实施了许多可持续发展的相关政策。这更需要我们在已有的良好基础上，借鉴先进的理论，为我国未来的城市社区发展构建一个科学的政策体系。

4

我国城市社区发展现状

根据前三章的研究可以得出，我国现阶段城镇发展面临许多问题。要想实现新型城镇化的稳步推进，需要以城市社区发展为实践层面；要想推进城市社区发展，也需要一个科学合理的战略指引。从规范研究的角度讲，对社区发展这样一个复杂、广泛又略显抽象的概念如何进行识别、测量、分析和评价也是研究中的一个挑战。但为了更准确地进行城市社区发展战略设计，使其更契合我国的发展现实情况和需求，深入地了解我国城市社区发展的现状与存在的问题十分必要。

城市社区作为城市中最基本的单元，对其发展现状的描述和分析一定要以城市社区最核心的主体——城市居民为重点，关注他们的直观感受、认知和意见。本研究选取了北京、上海和广州这 3 座我国最具有代表性的城市，面向城市社区居民，引入了问卷调查和数据统计分析的方法，尝试进行社区发展现状调查研究，以更好地认识城市社区发展的问题。

4.1　问卷和变量设计

研究变量是指研究者所要研究与测量的，随条件和情境变化而变化的因素（范柏乃等，2013）将研究问题和假设具体化和可操作化的过程。多数的社会科学研究都涉及多个变量，而研究常聚焦于一些变量对另一些变量的影响（蓝石，2011）。首先，本研究设计了 7 个常见统计变量：性别、年龄、户籍、受教育水平、职业类型、月收入、社区居住状态，一方面用以检验问卷的样本分布和多样性情况，另一方面也作为分析社区发展现状和存在问题的参考。此外，问卷还设置了居民对社区现状认知情况的测量变量，分别为：在现有社区居住时间、是否知道社区居委会主任是谁、最近一年是否去过社区居委会办事、最近一年是否参与过社区组织的活动以及日常通勤时间。通过对这些变量的分析，希望可以了解居民对社区基本情况的掌握和参与程度。

在本研究中，数据分析的重点为城市社区居民对于社区发展现状的感受和认知，由社区居民的直接感知打分获得（Chipuer，1999；Ferguson，2011）。本研究关注不同城市、不同社区类型之间的社区发展现状差异及当前存在的问题。根据第 2 章文献的界定，在 3 座样本城市中各选取传统市民社区、单位住宅区、城中村、城乡接合部的边缘社区、新兴商品房小区这 5 个类别进行调研。

为了更好地了解城市社区居民对其社区发展现状的真实感受，本研究也以“创新、绿色、开放、协调、共享”为指导思想，一方面参考了国家城市发展的战略政策、法律规章中对新型城镇化发展的目标和指标设定；另一方面借鉴许多城市发展、社区发展、社区意识、社区归属、组织创新、组织协调的经典问卷（Chavis，1990；Gilchrist，2009；Imrie，1999；Hopkins，2001；Li，2000；Gómez - Navarro，2009；Yamin，1999；Hurley，1998；Aiken，2000），构建了社区发展现状调查量表，分别为：创新与学习能力、协调程度、环境“绿色”状况、开放水平、共享氛围 5 个维度。其中创新与学习能力维度共设置 10 个问题，主要在学习资源、环境、团队、活动，创新的策略、工具和成效等方面进行测量；协调程度维度共设置 8 个问题，主要在居民日常需求满足、邻里互助、沟通交流场地和活动方面进行测量；在环境状况维度共设置 5 个问题，在景观、卫生、绿化、噪音等方面进行测量；在开放水平维度共设置 8 个问题，在事情商议、信息公开、人员选拔、新成员接受等方面进行测量；在共享氛围维度共设置 9 个问题，在归属感、价值观、社区识别度等方面进行测量。其中问题对应如表 4.1 所示。

表 4.1 问卷题目与研究维度对应情况

创新与学习能力	创新环境	C11 我的社区有良好的学习资源、环境和氛围
		C14 我的社区会根据现实情况和发展趋势来调整工作
	创新团队	C12 我的社区领导重视学习活动，是我们学习的榜样
		C15 我的社区有开展学习和创新活动的专门团队
		C20 我愿意参与或配合社区的创新管理活动
	创新活动	C13 我的社区经常开展知识讲座、展览等学习型活动
		C16 我的社区内有许多成员会参加学习活动
	创新效果	C17 参加社区组织的学习活动，让我有不少收获
		C18 我的社区在管理的策略和工具上有所创新
		C19 我的社区近几年来在管理上有明显进步
协调程度	邻里交往	C10 当我遇到问题时，我愿意并且能够在社区寻求帮助
		C24 我的社区能及时开展上级部门要求的活动和工作
		C37 我的社区有宽敞的公共活动空间
	生活功能保障	C27 我的社区安保严格，让我觉得安全
		C28 我的社区能够满足我的基本医疗保健要求
		C29 我的社区能够满足我的日常生活消费需求
		C30 我的社区能够满足我的文化娱乐需求
		C36 我的社区有便利的交通条件，对外通勤很方便
环境绿色状况	绿化景观情况	C31 我的社区绿化情况很好，我很满意
		C33 我的社区整体上是美观的、漂亮的
		C35 我的社区卫生和绿化状况很好
	污染防治情况	C32 我的社区没有特别吵的噪音、日常生活不受影响
		C34 我的社区环境整洁、卫生打扫及时
开放水平	内部开放	C21 我的社区出现问题时会组织大家商议解决
		C25 我的社区会向我们公开工作计划、内容和预算
		C26 社区工作人员选拔公开透明，能够反映居民愿望
		C39 我的社区信息发布及时、通畅
		C40 居民可以发表对社区管理和服务的期望与意见

续表

开放水平	对外开放	C22 我的社区自我宣传效果很好 C23 我的社区经常与周边社区进行互动 C38 新的成员融入我的社区很容易
共享氛围	归属感	C1 我觉得我是社区的一员 C2 我和大多数社区成员有相近的价值观 C3 我愿意为社区做出力所能及的贡献 C6 我克服了不少困难，才成为这个社区的成员 C8 我们社区成员之间会互相关心
	满意度	C4 生活在这个社区让我感觉很好 C5 我的社区有明显的建筑标示 C7 生活在这个社区让我感觉很骄傲 C9 我在近五年之内不愿意离开我们的社区

本论文的数据通过实地调研定向发放问卷获得，其中社区发展水平认知采用 Likert scale 量表进行设计，共分为非常同意、同意、一般、不同意和非常不同意这 5 个层次，依次录入为 5、4、3、2、1 分。问卷设计过程中，在参考和借鉴文献的基础上，结合了专家意见进行了预调研，对问卷的表述和结构进行了调整，最后进行调研。

4.2 抽样与样本

4.2.1 案例城市基本情况

依据城市代表性、社会关注度、便利性、资料的可获得性等因素，本研究选取北京、上海、广州这 3 座城市为案例，考察我国城市发展的现状、存在的问题和影响因素。

北京是我国的首都，历史文化悠久，是全国的政治文化中心，是世界著名的大都市，也是推进新型城镇化进程的重要城市。截至 2017 年末，北京市共有土地面积 16 410. 54 平方公里，常住人口 2 170. 7 万人，其中常住外来人口 794. 3 万人，人口密度为 1 323 人/平方公里。在行政建制方面，北京市共有 150 个街道办事处，143 个建制镇，38 个建制乡，3 140 个社区居委会以及 3 920 个村民居委会。在经济发展方面，北京市 2017 年的地区生产总值为 28 014. 9 亿元，人均地区生产总值为 128 994 元，第三产业比重为 80. 6%，城镇居民人均可支配收入为 57 230 元，居民消费价格指数为 101. 9%。全社会固定资产投资额为 8 948. 1 亿元，地方财政预算纯收入为 5 430. 8 亿元，研究与试验发展经费占 GDP 总值的比例为 5. 64%（北京统计年鉴，2018）。

上海是中央直辖市，是全国最大的经济中心，综合性工业基地，全国第一大港和沿海对外开放城市，历史文化名城，地处长江三角洲前缘。截至 2017 年，上海市共有土地面积 6 340. 5 平方公里，常住人口 2 418. 33 万人，其中外来人口 927. 68 万人，人口密度为 3 814 人/平方公里。地区生产总值为 30 632. 99 亿元，人均 126 634 元。全市共有 107 个镇、2 个乡、105 个街道办事处、4 253 个社区居民委员会和 1 590 个村民委员会（上海统计年鉴，2018）。

广州市位于我国南部，是我国重要的经济、国际贸易城市和重要港口，是改革开放的排头兵。截至 2017 年，广州市共有 136 个街道办事处、34 个镇、1 549 个社区居委会和 1 144 个村民委员会。全市土地面积为 7 434. 4平方公里，常住人口 1 449. 84 万人，人口密度为 1 950 人/平方公里。地区生产总值为 21 503.15 亿元（广州市统计年鉴，2018）。

根据以上基本指标的描述可以看出，北京、上海和广州在人口、面积、经济上都是全国乃至世界领先的大规模城市。同时，这 3 座城市各自也有着深远又独特的历史和城市文化，社区差异明显，有着很强的代表性。对它们进行调查研究，有利于认识和理解我国社区发展现状。

4.2.2 抽样规则和样本基本情况

本研究将以社区居民为主要调研对象，采取聚类随机取样的抽样方法。聚类随机取样是指把组成总体的所有部分分为若干群体，从随机选择的某一群体或几个群体中随机抽取个体组成研究样本的方法。这种方法特别适用于缺乏总体单位的取样框架（范柏乃等，2013）。

在本研究中，目标城市的社区居民为研究总体，根据已有的城市社区分类原则，结合城市社区发展现状，选取 15 个代表社区作为聚类的群体，分别为北京市东城区东华门街道南池子社区、海淀区燕园街道北京大学社区、朝阳区平房乡石各庄村社区、海淀区四季青镇门头村社区、西城区白纸坊街道清芷园社区；上海市徐汇区天平街道永亭社区、杨浦区四平路街道同济大学社区、闵行区华漕镇许浦村社区、嘉定区外冈镇泉泾村社区、静安区江宁路街道南洋家园社区；广州市越秀区东山街道新河浦社区、海珠区新港街道中山大学社区、海珠区赤岗街道鹭江村社区、天河区车陂街道龙口社区、海珠区赤岗街道愉景雅苑。在代表社区内随机选取社区居民进行调查研究，共得到有效问卷 455 份，构成了本研究的样本，样本的数量如表 4.2 所示。

表 4.2 研究样本数量及分布

	北京	上海	广州	总计
传统居民社区	35	34	31	100
单位社区	26	24	35	85
城中村	35	29	10	74
城乡接合部的边缘社区	35	35	34	104
新兴商品房社区	30	28	34	92
总计	161	150	144	455

本研究于 2015 年 12 月至 2016 年 1 月进行，共历经 40 余天时间，以“中国新型城镇化过程中社区发展战略研究”为主题进行了 3 次问卷调查。问卷包括基本信息、社区现状认知情况、社区发展水平和意见与建议 4 个部分。问卷发放采取在社区内部对社区居民进行入户调查或街道随访两种方式，在 3 座城市共 15 个城市社区中进行了问卷发放。共发放问卷 525 份，回收问卷 480 份，有效问卷 455 份，回收率为 91.4%，有效率为 94.8%。抽样方法为在目标社区内针对居民进行随机抽样，在城中村社区中调研开展较为困难，回收和有效问卷相对较少。

在问卷整理和编码过程中，依据城市和社区类型对每份问卷进行唯一编码。在此基础上，各问题的答案编码规则如下：性别变量中“1”为女，“2”为男；年龄和共同居住的家庭成员数为自主填写；户籍情况变量中“1”为本市户籍，“2”为非本市户籍；基本信息类项，如受教育水平、职业类型、居住状态按照次序依次从“1”开始向后编号；社区居住时间和通勤时间为自主填写，社区认知的三项是否问题中“1”为肯定回答，

“2”为否定回答；社区发展水平中的前 40 个变量采用李克特量表，由“5”至“1”依次对应非常同意、同意、一般、不同意和非常不同意 5 个选项，社区发展水平评分为 1~5 分，由受访者自主填写；意见和建议为开放问题，根据填写情况实际录入。根据以上统计录入情况，本研究的样本基本信息如表 4.3 所示。

表 4.3　研究样本的基本信息

变量名称	变量类别	频数	变量名称	变量类别	频数
性别	1-女	229	收入水平	1-3 000 元以下	117
	2-男	224		2-3 000 元至 5 000 元	95
	总计	453		3-5 000 元至 8 000 元	129
是否本市户籍	1-是	218		4-8 000 元及以上	109
	2-否	177		总计	450
	总计	395	住房状态	1-自购房	211
受教育水平	1-初中及以下	80		2-自建房	25
	2-高中	104		3-租住私房	98
	3-本科、专科	131		4-租住公房	83
	4-硕士及以上	129		5-借住房	21
	总计	444		6-其他	5
职业类型	1-国家机关	71		总计	443
	2-事业单位	61	是否认识居委会主任	1-认识	106
	3-国有企业	42		2-不认识	337
	4-外企私企	62	是否在社区办过事	1-是	158
	5-个体经营	49		2-否	282
	6-离休退休	58	是否参加社区活动	1-是	111
	7-无业失业	70			
	8-学生	31		2-否	326
	总计	444			

4.3 研究信度与效度检验

信度值测量的是数据分析结果的一致性或稳定性程度，是反映被测特征真实程度的指标，包括重测信度、复本信度、折半信度、内部一致性信度和评分者信度等类型。

本研究依托的问卷所采集到的数据是分析的核心。为了保障本研究问卷的信度，一方面在问卷题目设计过程中参考借鉴了国内外较为成熟的社区建设、社区归属感、社区满意度、社区意识等相关问卷的结构和问题；另一方面实行创新，根据“创新、协调、绿色、开放、共享”的发展思想，结合专家评测的结果和建议，在社区发展水平方面构建了5个测量维度共40个变量。为了保证问卷的质量，在正式的大样本调研之前在北京市的一个社区进行了预调研，并根据预调研结果对问卷中的量表部分进行了内部一致性系数检验，在问卷表述和题目分布结构上进行了调整。问卷信度检验通过对量表部分的数据进行内部一致性（Homogeneity Reliability）检验，使用SPSS数据分析软件，测算克隆巴赫 α 系数（Cronbach's alpha）来表示。通过3座城市的实地调研和聚类的随机抽样，所获得的数据的信度和效度检验结果如表4.4所示。

表4.4 基于内在一致性检验的信度分析结果

变量	α 系数	基于标准化项目的 α 系数	项数
创新与学习能力	0.753	0.753	10
协调程度	0.753	0.753	5
环境“绿色”状况	0.786	0.787	8
开放水平	0.762	0.761	8

续表

变量	α 系数	基于标准化项目的 α 系数	项数
共享氛围	0.715	0.717	9
全部变量	0.891	0.891	40

根据数据统计分析结果可以看出，5 个测量维度的 α 系数均高于 0.7，全部 40 项变量的整体 α 系数为 0.891，可以据此判定本次调查的信度良好。

效度，即有效性，是指测量工具或手段能够准确测出所需测量的事物的程度，分为内部效度、外部效度、结构效度、测评效度和统计结论效度。本研究使用 SPSS 软件采用因子分析法进行效度检验，结果如表 4.5 所示。

表 4.5　基于因子分析的效度检验

变量名称	项数	KMO	累积因子载荷%	显著性
创新与学习能力	10	0.856	61.231	***
环境“绿色”状况	5	0.751	62.018	***
开放水平	8	0.807	59.463	***
协调程度	8	0.788	59.784	***
共享氛围	9	0.751	67.846	***

* $p<0.05$，** $p<0.01$，*** $p<0.001$

在因子分析之前，首先进行了 KMO 检验，发现 KMO 值均高于 0.75，则表示数据适合因子分析方法。之后利用主成分分析方法进行因子分析。其中创新与学习能力、协调程度和共享氛围这 3 个变量的主成分载荷率高于 60%，环境绿色程度和开放水平非常接近于 60%，可以接受，因此，我们认为该组测量数据效度良好。

4.4 基于实地调研的数据分析

4.4.1 城市社区发展整体情况分析

本节以城市社区发展的整体情况为主要分析目的，进行三个方面的数据分析：一是全部社区发展水平的整体分析，包括社区居民对城市社区发展水平的评分以及各维度的社区发展水平情况；二是进行城市之间社区发展水平的整体比较；三是进行社区类型之间发展水平的整体比较。

4.4.1.1 城市社区发展水平整体分析

首先以全部样本数据为分析对象，分析社区发展的整体水平以及各发展维度的情况。根据调研数据分析结果，我国城市社区发展水平变量直接由社区居民评分获得。基于全部样本数据，社区居民对社区发展水平的整体评价的均值为3.2，众数为3，方差为0.432。据此可以看出，居民对社区发展水平整体上评价不高，并且观点比较集中。其中评分在0和1的比率仅有4.8%，而得分在4和5的仅有5.9%。绝大多数居民认为其所居住的社区发展水平为一般或较好，得分为3~4分。

在此基础上，本研究对全部样本中城市社区发展现状进行了描述统计，以判断样本社区整体上的发展现状与存在的问题，具体数据见表4.6。

根据该统计情况，我们可以对案例社区的发展现状有一定认识。由于本问卷社区发展水平部分采用likert scale作为量表结构，所有问题均为积极陈述，选项中依据同意程度由低至高可以对应该问题所测由低至高的社区发展水平。根据数据可以看出，案例城市社区整体上发展水平为一般偏好，通过对创新与学习能力、协同程度、环境绿色状况、开放水平、共享氛围这5大层面各自横向的比较，可以看出各选项之间差异虽然不是特别明显，但选择“同意”选项的频率在这5个层面上都是最高的，选择非常“不同意”的频率均为最低的。具体来看，城市社区的创新与学习能力中，选择“同意”的占23.09%，选择“一般”的占22.43%，这两个选项总共基本占了接近一般比例。在协同程度方面，选择“同意”选项的比率最高，为25%，另外两个选项“非常同意”和“一般”所占的比例基本持平。在环境绿色状况方面，“满意”选项的频率较之其他几个选项的差异比较明显，有较多的居民对社区环境绿色状况比较满意。在开放水平方面，“同意”选项的频率最高，“一般”选项的频率次之；在共享氛围方面，依然是“同意”选项的频率最高，“非常同意”略少于同意。

表4.6　社区发展水平评价分维度频率统计①

		非常同意	同意	一般	不同意	非常不同意	空缺
创新与学习能力	创新环境	18.5%	23.3%	22%	20.55%	13.95%	1.7%
	创新团队	19.2%	23.13%	22.8%	19.03%	14.43%	1.37%
	创新活动	17.15%	21.35%	23.1%	16.45%	16.45%	1.5%
	创新效果	18.7%	24.57%	21.8%	17.47%	15.8%	1.6%
	平均	**18.39%**	**23.09%**	**22.43%**	**18.38%**	**15.16%**	
协同程度	邻里交往	19.57%	25.83%	22.37%	16.67%	14.23%	1.3%
	生活功能保障	21.86%	24.16%	20.1%	16.3%	15.86%	1.7%
	平均	**20.72%**	**25%**	**21.24%**	**16.49%**	**15.05%**	

① 数据计算说明：（1）本表数据为同纬度内每项问题的各选项所占频率平均所得，如创新环境中涉及问卷中C11题和C14题，则分别统计两道问题的各选项所占频率后再进行平均计算，得到创新环境维度中各选项的平均频率。（2）本问卷社区发展水平部分采用likert scale作为量表结构，所有问题均为积极陈述，选项中依据同意程度由高至低可以对应为该问题所测由高至低的社区发展水平。

续表

		非常同意	同意	一般	不同意	非常不同意	空缺
环境绿色状况	绿化景观情况	23.37%	27.23%	16.4%	16.4%	14.67%	1.7%
	污染防治情况	20.35%	27.15%	17.6%	16.15%	17.4%	1.4%
	平均	**21.86%**	**27.19%**	**17%**	**16.28%**	**16.04%**	
开放水平	内部开放	19.2%	24.08%	22.38%	19.22%	13.48%	1.48%
	对外开放	18.43%	24.7%	23.2%	18.17%	14.13%	1.3%
	平均	**18.82%**	**24.39%**	**22.79%**	**18.7%**	**13.81%**	
共享氛围	归属感	21.16%	23.94%	20.88%	16.4%	16.2%	1.42%
	满意度	23.25%	24.45%	20.18%	16.4%	14.49%	1.23%
	平均	**22.21%**	**24.2%**	**20.53%**	**16.4%**	**15.35%**	

从5个大方面纵向上来比较分析的话，城市社区的环境绿色状况发展水平较好，其中非常同意和同意的占比为49.05%，所占比例接近一半。其次为社区的共享氛围和协同程度，此后是社区的开放水平，最后为社区的创新与学习能力，选择“非常同意”和“同意”的比例仅为41.48%。据此，整体看来，我国社区发展的环境绿色状况最好，创新与学习能力最差。

4.4.1.2　城市间社区发展水平的差异分析

在已有基础上，本节对3座城市的社区发展水平进行概括性的比较分析。本部分对5大维度的社区发展水平做以下数据处理：首先，将社区发展水平评分取平均得分；第二，由于各城市间的样本量不同，因此对每项问题按照选项次序自非常同意至非常不同意依次计5~1分，并根据实际得到的样本量进行每项指标的得分均值计算。其中得分越高，表示该项指标居民认可的发展水平越高。具体的城市间差异分析数据如表4.7所示。

表 4.7 基于描述统计的城市间社区发展水平的差异分析①

		北京	上海	广州
社区发展水平评分		3.01	3.4	3.27
创新与学习能力	创新环境	2.96	3.29	3.13
	创新团队	3.03	3.22	3.17
	创新活动	2.86	3.23	2.99
	创新效果	2.91	3.26	3.25
	平均	**2.94**	**3.25**	**3.14**
协同程度	邻里交往	3.02	3.38	3.22
	生活功能保障	3.01	3.43	3.18
	平均	**3.02**	**3.41**	**3.2**
环境绿色状况	绿化景观情况	3.16	3.6	3.28
	污染防治情况	2.97	3.41	3.15
	平均	**3.07**	**3.51**	**3.22**
开放水平	内部开放	3	3.22	3.29
	对外开放	2.95	3.35	3.19
	平均	**2.98**	**3.29**	**3.24**
共享氛围	归属感	2.95	3.46	3.14
	满意度	3	3.53	3.26
	平均	**2.98**	**3.5**	**3.2**

根据以上数据可以分析得出，从整体上来看，上海的社区发展水平评分是3座城市中最高的，北京是最低的，也是唯一低于全体样本数据均值的城市。具体到本研究所测量的社区发展的5大维度，与社区整体发展水平评分呈现相同趋势。上海在各个维度都处于领先位置，北京在每个维度中水平均最低，这与城市社区水平的整体评分情况刚好相反。就每个城市

① 本计算四舍五入保留两位小数，因此可能出现各大维度总平均得分与小维度均分的均值有微小误差情况。

而言，北京市的环境绿色状况的水平评价最高，其次是社区的共享氛围，社区的创新与学习能力则发展较差。上海的环境绿色情况在其城市内也是发展水平最好的，最差的也是创新与学习能力。广州的社区发展水平在5大维度之间差异并不十分明显，其中社区开放程度较好，社区的创新与学习能力则是最差的。

在实际研究中对不同组别的均值进行比较时可以采用方差分析。方差分析的基本思想是根据资料的设计类型和研究目的，将全部观察值总的离散度和自由度分解为相应的几个部分，除了随机误差外，其余每个部分的变异可由某个因素的作用加以解释，如各组均数间的变异可由处理因素的作用加以解释，通过比较不同变异来源的均方，借助F分布做出统计推断，从而判断该因素对观测指标有无影响（武松等，2014）。具体到本研究中，可以通过单因素方差分析（ANOVA）检验城市间的社区发展水平差异是否显著。具体分析数据如表4.8所示。

表4.8　基于ANOVA的城市间社区发展水平的差异分析

指标	*F*值	显著性
社区发展水平评分	12.519	0***
创新与学习能力	8.765	0***
协同程度	12.212	0***
环境绿色状况	10.24	0***
开放水平	10.005	0***
共享氛围	20.143	0***

* $p<0.05$，** $p<0.01$，*** $p<0.001$

首先，以上方差分析的各指标符合正态分布，且方差齐性检验的显著性均为 0，表明该组数据可以进行 ANOVA 分析。根据分析结果可以得出，以城市为分组指标，可以得出 3 座城市的不同对社区发展水平评分、创新与学习能力协同程度、环境与绿色状况、开放水平和共享分为这 6 个指标都有非常显著的影响。这也就意味着，3 座城市之间，在社区发展水平上是存在显著差异的。

4.4.1.3 社区类型间社区发展水平的差异分析

对城市间社区发展水平的差异了解和比较之后，本研究继续考察不同社区类型之间的差异情况具体和表 4.9 所示。

表 4.9 基于描述统计的社区类型间社区发展水平的差异分析

		传统居民社区	单位社区	城中村	城乡接合部的边缘社区	新兴商品房小区
社区发展水平评分		3.89	3.04	2.88	3	3.18
创新与学习能力	创新环境	3.76	3.02	2.77	3	2.93
	创新团队	3.8	2.95	2.68	3.1	3.03
	创新活动	3.75	2.65	2.62	3.02	2.93
	创新效果	3.88	2.93	2.63	2.99	3.09
	平均	**3.8**	**2.89**	**2.68**	**3.03**	**3.0**
协同程度	邻里交往	3.78	2.89	2.92	3.07	3.26
	生活功能保障	3.8	3.15	2.82	2.98	3.19
	平均	**3.79**	**3.02**	**2.87**	**3.03**	**3.23**
环境绿色状况	绿化景观情况	4.05	3.39	2.69	3.08	3.39
	污染防治情况	3.92	3.05	2.58	2.81	3.39
	平均	**3.99**	**3.22**	**2.64**	**2.95**	**3.39**

续表

		传统居民社区	单位社区	城中村	城乡接合部的边缘社区	新兴商品房小区
开放水平	内部开放	3.79	3.04	2.74	2.99	3.15
	对外开放	3.72	3.04	2.82	2.99	3.12
	平均	**3.76**	**3.04**	**2.78**	**2.99**	**3.14**
共享氛围	归属感	3.84	2.92	3.03	2.95	3.12
	满意度	3.91	2.96	3.06	3.01	3.3
	平均	**3.88**	**2.94**	**3.05**	**2.98**	**3.2**

根据以上数据可以看出，不同的城市社区类型之间发展水平有很明显的差异。其中传统居民社区的发展水平最高，且远远领先于其他类型的社区，其在5大维度的各个方面也都处于最好的水平。城市社区发展水平最差的是城中村社区。就每一类社区而言，其5个维度的发展水平互相差异很大。传统居民社区的5个维度得分都很高，其中最好的是环境绿色状况，社区开放水平在这5个维度中得分最低，但也远远高于其他社区。单位社区各维度的发展水平差异不大，其中社区环境方面发展较好，创新与学习能力较弱。城中村社区的共享氛围最好，社区居民表现出了很高的归属感和满意度，社区的协同程度和开放水平也较好，最差的为社区环境情况。城乡接合部的边缘社区5个维度的发展情况非常接近，只有创新与学习能力的发展水平最好。商品房社区的环境绿色情况较好，创新与学习能力较弱。

与城市间差异分析一样，此处也同样检验城市社区类型是否对城市社区发展水平存在显著影响。其分析数据如表4.10所示。

表 4.10　基于 ANOVA 的社区类型间社区发展水平的差异分析

指标	*F* 值	显著性
社区发展水平评分	56.791	0 ***
创新与学习能力	14.074	0 ***
协同程度	13.562	0 ***
环境绿色状况	22.69	0 ***
开放水平	17.206	0 ***
共享氛围	18.142	0 ***

* $p<0.05$，** $p<0.01$，*** $p<0.001$

同样对以上方差分析的各指标进行正态分布检验和方差齐性检验，显著性均为 0，表明该组数据可以进行 ANOVA 分析。根据分析结果可以得出，以城市社区类型为分组指标，可以得出不同城市社区类型对社区发展水平评分、创新与学习能力、协同程度、环境绿色状况、开放水平和共享氛围这 6 个指标都有非常显著的影响。这也就意味着，不同的城市社区类型之间，在社区发展水平上是存在显著差异的。

4.4.2　同一社区类型在不同城市之间的数据比较分析

在对我国城市社区发展水平整体上有所认识和把握之后，本研究继续在同一社区类型内，观察分析不同城市间社区发展水平的差异情况。主要分为两个部分：一是对城市社区的基本情况，如居民的基本属性、居民对社区的认知水平等；二是依据问卷量表，对各维度的社区发展水平进行城市间的比较。

4.4.2.1　城市间传统居民社区的差异分析

根据问卷收集数据，对传统居民社区城市间的基本指标和城市社区发展水平量表数据进行统计分析如表 4. 11 所示。

表 4. 11　城市间传统居民社区的差异分析

		北京	上海	广州
年龄（均值）		44	43. 42	54. 47
家庭成员数（均值）		3. 14	3. 19	3. 89
居住时间（均值）		19. 34	17. 91	21. 52
通勤时间（均值）		0. 55	1. 58	0. 59
性别（频数）	1-女	18	15	14
	2-男	17	19	17
户籍（频数）	1-本市户籍	23	26	28
	2-非本市户籍	10	0	1
受教育水平（频数）	1-初中及初中以下	6	5	5
	2-高中	14	17	7
	3-大学专科、本科	5	6	17
	4-硕士及硕士以上	9	4	1
职业类型（频数）	1-国家机关工作人员	7	5	7
	2-事业单位工作人员	3	4	3
	3-国有企业工作人员	1	0	6
	4-外企和私企工作人员	1	3	1
	5-个体经营者	8	1	1
	6-离休、退休人员	10	12	10
	7-无业、失业人员	1	9	1
	8-学生	4	0	0
月收入（频数）	1-3 000 元及以下	6	16	6
	2-3 000 至 5 000 元	5	8	7
	3-5 000 至 8 000 元	18	8	7
	4-8 000 元及以上	6	2	9

续表

		北京	上海	广州
居住状态（频数）	1-自购房	25	20	19
	2-自建房	0	0	0
	3-租住私房	10	0	1
	4-租住公房	0	7	5
	5-借住房	0	1	0
是否认识居委会主任（频数）	1-是	16	20	18
	2-否	19	9	9
是否在社区办过事（频数）	1-是	10	18	20
	2-否	25	11	8
是否参加社区活动（频数）	1-是	13	15	14
	2-否	22	14	12
创新与学习能力（均值）		2.95	4.46	4.09
协同程度（均值）		3	4.51	3.92
环境绿色状况（均值）		3.23	4.56	4.28
开放水平（均值）		2.86	4.44	4.08
共享氛围（均值）		2.95	4.48	4.32

根据以上数据可以看出，在传统居民社区中，北上广3座城市的居民平均年龄都在40岁以上，其中广州年龄最大，为54.47岁，上海最年轻，为43.42岁。城市之间的家庭成员数差异不大，广州最高，均值为3.89人。传统居民社区的居住时间都很长，都接近20年，其中广州的平均居住时间最长，为21.52年，上海相对较短，为17.91年。从通勤时间的均值来看，本类社区中上海的通勤时间远远长于其他两座城市的通勤时间，约为其他两座城市的3倍。

从性别上来看，传统居民社区的男女比例都非常均衡。而户籍情况中，北京与其他两座城市有显著差异，非本市户籍的人员数最多；其他两座城市中，上海没有非本市户籍居民，广州只有 1 例。

从受教育水平来看，传统居民社区中广州的受教育水平较高，以本专科学历为主，而另外两座城市都以高中学历为主。从职业类型角度来看，3 座城市的职业分布情况都比较均匀，都以离退休人员为主。其中上海的无业失业人员较多。从居住状态来看，自购房在 3 座城市的这 3 个社区中都占绝对主体地位，其中北京的传统居民社区有 10 例租住私房，而上海和广州各有 7 例和 5 例租住公房的情况。

从社区认知情况部分的数据可以看出，传统居民社区的居民对其社区的基本情况掌握较好，横向比较而言，北京的情况较差。其中 3 座城市的社区居民大多数都认识居委会主任；上海和广州的多数居民在社区办过事，北京则较少。这种城市之间的差异也存在于参加社区活动中。

就社区发展水平的 5 个维度而言，传统居民社区中北京的社区发展水平最低，且明显低于另外两个城市，而上海的各项社区发展评分都较高。

4. 4. 2. 2　城市间单位社区的差异分析

根据问卷收集数据，对城市间单位社区的基本指标统计分析如表 4. 12 所示。

表 4. 12　城市间单位社区的差异分析

		北京	上海	广州
年龄（均值）		34. 73	34. 08	37. 86
家庭成员数（均值）		2. 92	3. 21	2. 97
居住时间（均值）		5. 83	4. 79	5. 43
通勤时间（均值）		0. 48	0. 59	0. 53
性别	1–女	12	11	19
	2–男	14	13	16

续表

		北京	上海	广州
户籍	1-本市户籍	19	18	19
	2-非本市户籍	7	6	3
受教育水平	1-初中及初中以下	1	0	0
	2-高中	1	0	1
	3-大学专科、本科	5	13	12
	4-硕士及硕士以上	18	10	22
职业类型	1-国家机关工作人员	3	2	6
	2-事业单位工作人员	8	8	10
	3-国有企业工作人员	0	2	4
	4-外企和私企工作人员	2	3	3
	5-个体经营者	3	1	1
	6-离休、退休人员	1	1	4
	7-无业、失业人员	1	0	0
	8-学生	6	7	7
月收入	1-3 000元及以下	4	6	6
	2-3 000至5 000元	1	0	2
	3-5 000至8 000元	9	8	15
	4-8 000元及以上	12	10	12
居住状态	1-自购房	10	12	22
	2-自建房	0	0	0
	3-租住私房	6	5	6
	4-租住公房	10	7	7
	5-借住房	0	0	0
是否认识居委会主任	1-是	2	3	2
	2-否	24	21	33
是否在社区办过事	1-是	7	6	13
	2-否	19	18	22
是否参加社区活动	1-是	7	9	14
	2-否	19	15	21

续表

	北京	上海	广州
创新与学习能力（均值）	3	2.69	2.96
协同程度（均值）	3.02	3.16	3
环境绿色状况（均值）	3.15	3.53	3.15
开放水平（均值）	3.04	2.78	3.22
共享氛围（均值）	2.92	2.93	2.96

从年龄上来看，单位社区的平均年龄差异不大，都比较年轻。家庭成员数也比较符合我国的现实情况，其中上海略高。居住时间上 3 座城市差别不明显，均为 5 年左右。通勤时间也均在 1 个小时以内。

从户籍上来看，单位社区的本市户籍居民较多，3 座城市之间的差异很小。在受教育水平上，单位社区的整体学历非常高，城市之间差异不明显，绝大多数为大学和硕士及以上。职业类型分布集中在事业单位、学生和国家机关。收入大多集中为 5 000 元以上，城市之间差异很小。居住状态集中分布在自购房、租住私房和公房。

在社区现状认知方面，3 座城市之间也没有很明显的分别。整体上来讲，大多数受访者不认识居委会主任、没在社区办过事，也不参加社区活动。

对社区发展水平分析可以看出，就创新与学习能力而言，北京和广州的差距不大，上海落后较为明显，但其又在社区协同程度和社区环境上有所领先。广州的社区开放水平和共享氛围都好于另外两座城市，这两个维度中北京较差。

4.4.2.3　城市间城中村社区的差异分析

根据问卷收集数据，对城市间城中村的基本指标统计分析如表 4.13 所示。

表 4.13　城市间城中村社区的差异分析

		北京	上海	广州
年龄（均值）		44.4	42.57	31.7
家庭成员数（均值）		3.06	3.25	3
居住时间（均值）		5.6	5.24	5
通勤时间（均值）		0.4	0.46	0.11
性别	1-女	19	13	5
	2-男	16	16	5
户籍	1-本市户籍	9	3	1
	2-非本市户籍	26	17	8
受教育水平	1-初中及初中以下	9	14	6
	2-高中	12	12	2
	3-大学专科、本科	7	1	0
	4-硕士及硕士以上	7	0	1
职业类型	1-国家机关工作人员	3	1	1
	2-事业单位工作人员	3	2	0
	3-国有企业工作人员	6	1	0
	4-外企和私企工作人员	2	12	0
	5-个体经营者	3	6	8
	6-离休、退休人员	2	1	0
	7-无业、失业人员	16	3	1
	8-学生	0	0	0
月收入	1-3 000 元及以下	8	16	4
	2-3 000 至 5 000 元	16	8	2
	3-5 000 至 8 000 元	7	2	3
	4-8 000 元及以上	4	1	1
居住状态	1-自购房	7	2	2
	2-自建房	8	0	1
	3-租住私房	10	21	7
	4-租住公房	5	1	0
	5-借住房	5	3	0

续表

		北京	上海	广州
是否认识居委会主任	1-是	3	2	2
	2-否	32	25	8
是否在社区办过事	1-是	12	3	3
	2-否	23	20	7
是否参加社区活动	1-是	3	1	3
	2-否	32	22	7
创新与学习能力（均值）		2.88	2.43	2.6
协同程度（均值）		3.03	2.51	3.24
环境绿色状况（均值）		2.91	2.35	2.58
开放水平（均值）		2.98	2.51	2.81
共享氛围（均值）		3	3.21	2.76

从年龄上来看，广州的城中村居民的平均年龄远远低于北京和上海。而家庭成员数 3 座城市之间差别不大，平均数量都超过了 3 人。居住时间的均值比较均衡，为 3 年或略多。通勤时间上北京和上海差异不大，广州的通勤时间则很短。

从户籍上来看，城中村居民中以非本市户籍居民为主，各城市之间户籍情况的比例分布差别不大。从受教育水平来看，整体上受教育水平较低，其中北京的情况比较突出，大学、硕士及以上的人员数量远远多于另外两座城市。关于职业类型，城市之间的差异也比较明显，上海以外企和私企工作人员为主，而北京则以无业、失业人员为主。在收入上，北京的大多数居民收入为中等水平，上海则收入较低。从居住状态上来看，北京的自建房数量远远多于另外两座城市，而上海则以租住私房为主，其他的居住状态很少。

从社区现状认知来看，城市间差异不大，并且城中村和城乡接合部的边缘社区的情况基本一致。大多数人不认识居委会主任、没在社区办过事也不参加社区活动。

从5个发展维度来看，在城中村社区中北京市整体发展水平较好，创新与学习能力、环境绿色状况、开放水平均在3座城市中处于领先地位。上海市的城中村社区则有更好的社区共享氛围，而广州市的城中村则在协同程度上表现突出。

4.4.2.4 城市间城乡接合部的边缘社区的差异分析

根据问卷收集数据，对城乡接合部边缘社区的基本指标和城市社区发展水平量表数据进行统计分析如表4.14所示。

表4.14 城市间城乡接合部的边缘社区的差异分析

		北京	上海	广州
年龄（均值）		46.66	43.83	37
家庭成员数（均值）		2.94	2.86	2.76
居住时间（均值）		6.29	5.46	3.44
通勤时间（均值）		0.56	0.46	0.65
性别	1-女	16	20	19
	2-男	19	15	15
户籍	1-本市户籍	1	5	17
	2-非本市户籍	34	30	13
受教育水平	1-初中及初中以下	10	10	7
	2-高中	8	7	11
	3-大学专科、本科	10	10	13
	4-硕士及硕士以上	7	8	3

续表

		北京	上海	广州
职业类型	1-国家机关工作人员	4	4	3
	2-事业单位工作人员	4	4	1
	3-国有企业工作人员	1	4	6
	4-外企和私企工作人员	8	2	6
	5-个体经营者	1	4	7
	6-离休、退休人员	3	2	4
	7-无业、失业人员	14	15	4
	8-学生	0	0	3
月收入	1-3 000 元及以下	8	12	14
	2-3 000 至 5 000 元	10	8	13
	3-5 000 至 8 000 元	8	10	3
	4-8 000 元及以上	9	5	4
居住状态	1-自购房	8	11	22
	2-自建房	8	8	0
	3-租住私房	3	6	12
	4-租住公房	12	3	0
	5-借住房	4	7	0
是否认识居委会主任	1-是	10	8	9
	2-否	25	27	25
是否在社区办过事	1-是	16	19	9
	2-否	19	16	25
是否参加社区活动	1-是	4	4	7
	2-否	31	31	27
创新与学习能力（均值）		3	3.07	3.01
协同程度（均值）		3.04	2.96	3.04
环境绿色状况（均值）		2.9	3.02	2.94
开放水平（均值）		3.04	3	2.93
共享氛围（均值）		2.94	3.03	2.96

在城乡接合部的边缘社区中，北京和上海的平均年龄差别不大，而广州则明显低于其他两座城市，平均年龄仅为 37 岁，另外两座城市则为 46. 66 岁和 43. 83 岁。3 座城市间家庭成员数差异不大，且明显小于传统居民社区。居住时间在各城市间存在较明显的差异，北京最久，为 6. 29 年，而广州仅为北京的一半多，仅有 3. 44 年，居住时间也明显低于传统居民社区。在通勤时间方面，3 座城市差异不大，均为 1 小时左右。

受访居民的性别差异在 3 座城市中依然不明显。在户籍情况上，北京和上海两座城市在该种类型社区中的本市户籍人口数都非常少，北京只有 1 例。而广州则是本市户籍多于非本市户籍，情况比较突出。

从受教育水平上看，几座城市之间差别不大，只有广州的高学历居民相对较少，但是其低学历水平居民与另外两座城市相比也较少。城市之间中等学历水平的居民数量差异不大。从职业类型角度分析，比较突出的情况是上海的外企、私企人员与另外两个城市相比较少，广州的个体经营者与另外两个城市相比更多，无业、失业人员也比另外两座城市多。

从收入角度来看，3 座城市的差距整体上并不明显。其中比较突出的是广州的该社区受访者收入位于 5 000～8 000 元之间的人数明显少于另外两座城市，而北京的高收入者也多于另外两座城市。

从居住状态来看，同在城乡接合部的边缘社区，城市之间的差异比较大。其中广州的自购房数量和租住私房的情况最多，北京最少。而北京和上海都有 8 例自建房的居民，广州没有。在 3 个城市之间比较，上海的借住房数量最多。

从社区认知维度来看，北京和上海的认知程度要好于广州。其中突出的为是否在社区办过事，北京和上海的比例均为一半左右，而广州则较少。

在城市社区发展水平的5个维度中，城乡接合部的边缘社区的发展水平存在差异，但不是很明显。其中创新与学习能力层面，上海最好，北京和广州较差；而协同程度层面，上海则最差。在开放水平方面，北京最好；社区共享氛围则是上海最好。

4.4.2.5 城市间新兴商品房社区的差异分析

根据问卷收集数据，对城市间新兴商品房社区的基本指标统计分析如表4.15所示。

表4.15 城市间新兴商品房社区的差异分析

		北京	上海	广州
年龄（均值）		39.53	33.74	37.67
家庭成员数（均值）		3.13	2.09	2.94
居住时间（均值）		4.35	1.45	6.52
通勤时间（均值）		0.84	0.43	0.72
性别	1-女	14	17	18
	2-男	16	11	15
户籍	1-本市户籍	18	20	11
	2-非本市户籍	10	6	6
受教育水平	1-初中及初中以下	2	2	3
	2-高中	6	3	3
	3-大学专科、本科	9	6	17
	4-硕士及硕士以上	13	16	10
职业类型	1-国家机关工作人员	7	8	10
	2-事业单位工作人员	4	4	3
	3-国有企业工作人员	4	3	4
	4-外企和私企工作人员	4	7	8
	5-个体经营者	2	2	1
	6-离休、退休人员	4	2	2
	7-无业、失业人员	16	3	1
	8-学生	0	0	0

续表

		北京	上海	广州
月收入	1-3 000 元及以下	8	16	4
	2-3 000 至 5 000 元	16	8	2
	3-5 000 至 8 000 元	7	2	3
	4-8 000 元及以上	4	1	1
居住状态	1-自购房	22	1	28
	2-自建房	0	0	0
	3-租住私房	6	0	5
	4-租住公房	1	25	0
	5-借住房	0	1	0
是否认识居委会主任	1-是	3	3	5
	2-否	27	25	28
是否在社区办过事	1-是	6	10	6
	2-否	24	18	27
是否参加社区活动	1-是	5	1	11
	2-否	25	26	22
创新与学习能力（均值）		2.91	3.31	2.87
协同程度（均值）		2.98	3.8	2.96
环境绿色状况（均值）		3.22	4.17	2.96
开放水平（均值）		3	3.4	3.07
共享氛围（均值）		3.07	3.64	2.94

从年龄角度来看，在新兴商品房社区中北京的平均年龄最高，为 39.53 岁，上海的最年轻，为 33.74 岁。在家庭成员数中，上海的数量比较突出，平均值只有 2.09 人。就居住时间而言，广州最长，为 6.52 年，上海最短，平均仅有 1.45 年。通勤时间，北京和广州的差异不大，上海较短。

从户籍角度来看，整体上新兴商品房社区的本市户籍居民较多，所占比例在 3 座城市之间的差异也不大。在受教育水平上，商品房社区的整体学历也非常高，城市之间差异不明显，绝大多数为大学和硕士及以上。职业类型分布集中在事业单位、外企和私企工作人员、国家机关，其中北京的商品房社区最多的为无业、失业人员。收入水平却处于一般偏低的情况，大多集中为 3 000~8 000 元这两个档位中，城市之间差异很小。城市间居住状态有明显差异，其中北京和广州集中为自购房，但上海则集中为租住公房，这是因为上海受访的社区中很多为单位福利过渡房。

在社区现状认知方面，3 个城市之间也没有很明显分别。整体上来讲，大多数受访者不认识居委会主任、没在社区办过事也不参加社区活动。

对社区发展水平分析可以看出，就各项指标而言，北京和广州的差距不大，上海市较为领先，整体上优于另外两座城市。

4.4.3　同一城市内不同社区类型之间的数据比较分析

根据以上分析，同一城市内不同社区之间在不同维度上的发展水平也有一定差异。其具体情况如图 4-1 所示。

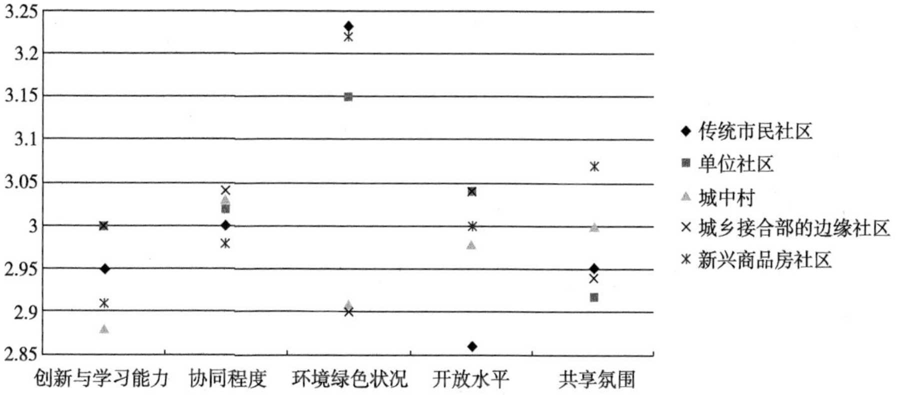

图 4-1　北京市不同社区类型间的数据比较分析

就北京而言，不同类型的城市社区在5大发展评价维度上也存在不同的发展水平。就创新与学习能力而言，城乡接合部的边缘社区表现最好，城中村的水平最差。就社区协同程度而言，不同社区类型的发展水平比较接近，城乡接合部的边缘社区微微领先。在环境绿色状况维度中，社区类型间差异非常大，其中传统市民社区和新兴商品房社区情况尤其好，而城中村和城乡接合部的边缘社区情况则尤其差。在社区开放水平维度上，传统市民社区的评价较低。而共享氛围方面，新兴商品房社区则评价最高，单位社区评价最低。

上海不同社区类型之间的社区发展现状差异则非常明显，在图4-2中表现得非常离散。其中传统市民社区在5大维度上都处于领先地位，新兴商品房社区则在各维度上位列第二。城中村类社区在前4个维度上都位列最后，只有在社区共享氛围上表现较好。单位社区在其他指标上都表现较为中庸，在共享氛围上表现最差。

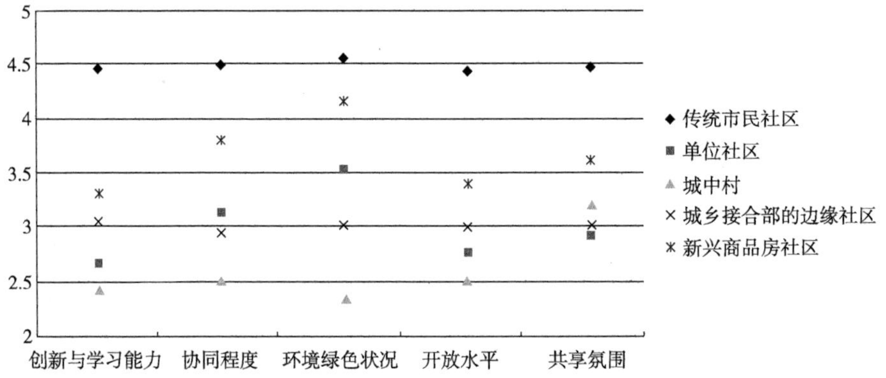

图4-2　上海市不同社区类型间的数据比较分析

对广州市进行社区类型间的数据比较分析时可以发现，除传统市民社区在各项维度上居于绝对领先地位以外，其他 4 个类型的城市社区发展差距不大，如图 4-3 所示。城中村在各项发展水平中较为落后，只有社区协同程度上发展较好。在创新与学习能力、社区协同程度、环境绿色状况、开放水平和共享氛围这 5 个维度方面，单位社区、城乡接合部的边缘社区和新兴商品房社区的发展水平直观差距非常小。

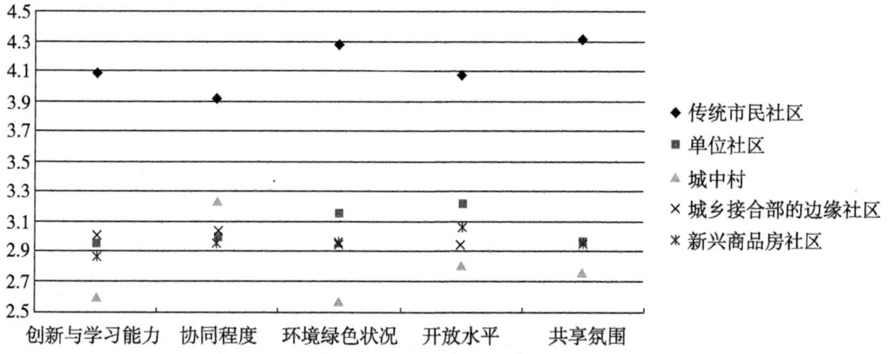

图 4-3　广州市不同社区类型间的数据比较分析

通过不同的数据分析角度有不同的数据发现。通过对同一城市内不同社区类型间的数据进行比较分析，不仅可以看出城市内社区发展之间的差异，也可以发现不同城市的异质性特征。其中非常明显的是北京市社区之间的发展差距较小，而上海各社区之间发展水平差距很大，广州只有传统居民社区较之于其他几种类型有一定差异。

进一步而言，对 3 张图进行叠加分析，可以直观地对样本社区的发展有一个整体的认识。这和前文得到的数据分析结果是一致的，就城市而言，北京发展水平较好；就城市社区类型而言，传统居民社区的发展较好。

4.5 城市社区发展影响因素分析

之前的数据分析介绍了案例城市社区发展水平的整体情况，并依据社区类型和城市进行了两个视角的对比分析，可以看出当前我国社区发展的问题和差异。那么究竟有哪些因素会对社区发展水平产生影响，是接下来研究的主要内容。

由于本研究中城市社区发展的评价是由社区居民进行的主观判断，因此个体差异很可能会对其发展水平认知产生影响。本节首先通过数据分析考察常见的统计学指标，如性别、年龄、职业等是否会对其社会发展评分产生影响？如果有影响则显著性如何？使用的方法为独立样本 t 检验——针对两分自变量，如性别、户籍；单因素方差分析（ANOVA）——针对三分及以上的自变量，如收入、受教育水平。显著性检验结果依次如表 4.16 所示。

表 4.16 常见统计学指标对社区发展评分影响的显著性检验

变量	F 值	显著性
性别	0.108	0.742
户籍	81.132	0***
是否认识居委会主任	51.541	0***
是否在社区办过事	43.696	0***
是否参加社区活动	24.436	0***
受教育水平	2.804	0.025*
职业类型	3.8	0.001**
收入水平	0.358	0.784

* $p<0.05$，** $p<0.01$，*** $p<0.001$

以上数据是根据变量类型采用不同的分析方法所得结果的汇总，其中方差分析过程中都进行了同质性检验，结果都是显著的，然后再进一步进行方差分析。根据以上结果可以看出，性别和收入水平对社区居民所做的社区发展水平评分中影响不显著，而户籍情况、对社区的认知和参与情况、受教育水平和职业类型都会对社区发展水平判断有显著影响。

在此基础上，本研究对社区发展水平量表中的各个变量与社区发展水平评分之间的关系进行了探索。由于该量表中的各个变量都可以被视为是城市发展水平中的一部分，同时变量有 40 个，相对较多。因此考察各变量对社区发展水平的影响，实质上就是将具有错综复杂的变量综合为少数几个因子，以观察哪几个重点变量最具有代表性。据此，这里采用探索性因子分析，以下为分析过程和结果。

因为该方法为因子分析，所以首先对数据进行适度检验，检验方式包括 Bartlett's 球体检验和 KMO 测度，得出 Bartlett's 球体检验的卡方值为 3186. 233、显著性为 0，KMO 适合度检验值为 0. 89。这两者充分说明本组数据适合做因子分析。

在此基础上，本研究使用 SPSS21. 0 作为数据分析软件，根据特征值大于 1 的原则来确定因子个数，并采用正交旋转方式中的方差极大法进行分析，共提取出 13 个主成分因子。具体分析结果如表 4. 17 和表 4. 18 所示。

表 4. 17 影响城市社区发展的主要变量

创新与学习能力	C11 我的社区有良好的学习资源、环境和氛围
	C15 我的社区有开展学习和创新活动的专门团队
	C13 我的社区经常开展知识讲座、展览等学习型活动
协调程度	C10 当我遇到问题时，我愿意并且能够在社区上寻求帮助
	C29 我的社区能够满足我的日常生活消费需求

续表

创新与学习能力	C11 我的社区有良好的学习资源、环境和氛围 C15 我的社区有开展学习和创新活动的专门团队 C13 我的社区经常开展知识讲座、展览等学习型活动
环境绿色状况	C35 我的社区愿意保持社区卫生和绿化状况 C32 我的社区没有特别吵的噪音、日常生活不受影响
开放水平	C39 我的社区信息发布及时、通畅 C22 我的社区自我宣传效果很好
共享氛围	C6 我克服了不少困难，才成为这个社区的成员 C8 我们社区成员之间会互相关心 C9 我在近五年之内不愿意离开我们的社区

表 4.18 特征值和方差解释贡献率

组件	初始特征值			提取载荷平方和		
	总计	方差百分比	累积%	总计	方差百分比	累积%
1	7.82	19.55	19.55	7.82	19.55	19.55
2	1.456	3.639	23.189	1.456	3.639	23.189
3	1.393	3.481	26.671	1.393	3.481	26.671
4	1.271	3.177	29.847	1.271	3.177	29.847
5	1.227	3.068	32.915	1.227	3.068	32.915
6	1.199	2.997	35.912	1.199	2.997	35.912
7	1.149	2.872	38.784	1.149	2.872	38.784
8	1.127	2.818	41.601	1.127	2.818	41.601
9	1.105	2.761	44.363	1.105	2.761	44.363
10	1.081	2.701	47.064	1.081	2.701	47.064
11	1.055	2.637	49.702	1.055	2.637	49.702
12	1.027	2.566	52.268	1.027	2.566	52.268
13	1.01	2.525	54.794	1.01	2.525	54.794
14	0.97	2.425	57.219			
15	0.958	2.395	59.614			
……	……	……	……			
39	0.404	1.01	99.046			
40	0.381	0.954	100			

根据以上的多个分析可以得出，有许多因素都对城市社区发展有着显著影响，这也体现在城市发展水平的差异上。包括居民的户籍、受教育水平、职业类型以及对社区的认知状况都会对社区发展水平有显著影响。不同城市、不同城市类型之间的社区发展水平也存在显著差异。在5大维度40个问题中，可以提取出13个主要的成分以判断社区发展水平的现状。

4.6　小结

4.6.1　数据分析结果

在这里我们可以依据变量，对以上的研究发现再进行一个综合的总结。

从性别变量看，城市间和不同类型的社区间差异并不明显。其中上海的女性比例略高，突出反映在城乡接合部的边缘社区和新兴商品房社区中，其百分比分别为57.14%和60.71%。

从户籍变量看，不同的城市社区类型之间存在显著差异。其中传统市民社区、单位住宅区中本市户籍比例非常高，上海的传统市民社区的本市户籍居民为100%，广州占96.55%，北京略低，但也有69.7%。此外，3座城市的单位住宅区中本市户籍居民占比均超过了70%，其中广州为86.36%。在新兴商品房小区中，3座城市的本市户籍居民占比均位于60%~70%之间。而在城乡接合部的边缘社区中，本市户籍居民比例较低，只有广州为56.67%，上海仅为14.29%，北京仅为2.86%。在城中村中，

3座城市的本市户籍居民占比均不超过30%，其中广州仅为11.11%。

从受教育水平变量看，差异也主要体现在不同的社区类型中。其中传统市民社区居民受教育水平普遍为高中，北京、上海高中学历居民各自占比为41.18%和53.13%，广州最多的为大学，占比56.67%。单位社区整体学历较高，其中北京和广州最多的为硕士及以上，分别占比为72%和62.86%，上海最多的为大学，占比56.52%，但硕士及以上占比为43.48%。城中村的居民学历水平较低，北京最多的是高中，占比34.29%，上海和广州多数为初中及以下学历，各自占比51.85%和66.67%。而城乡接合部的边缘社区学历情况则呈现两极分化状态，北京和上海的主要学历构成为初中及以下和大学，比例均为28.57%，广州则以大学为主，占比38.24%。新兴商品房小区学历较高，北京、上海都以硕士及以上为主，各自占比43.33%和59.26%，广州以大学为主，占比51.52%。

从职业类型变量看，城市之间差异不明显，社区类型之间分异较大。其中传统市民社区以离退休人员为主，比例均为30%左右，其次为国家机关人员，3座城市比例均为20%左右。单位住宅区以事业单位工作人员为主，3座城市该选项的比例均为30%左右。城中村居民的职业类型在不同城市之间有一定差异：北京以无业、失业人员为主，比例高达45.71%；上海以个体经营者为主，比例为46.15%；而广州以离退休人员为主，比例高达80%，这里不排除有广州城中村有效问卷数量过少的原因。在城乡接合部范围内，北京以企业工作人员为主，比例为22.86%；广州以个体经营者为主，比例为20.59%；上海各种职业类型分布较为平均。新兴商品房小区中，占比最大的为国家机关工作人员；此外广州紧随其后的是外企和私企工作人员，占比27.59%。

从月收入变量看，传统市民社区类别中城市之间差异较大，其中北京以5 000~8 000元的收入水平为主，占比51.43%；而上海则大多数收入为3 000元以下，占比47.06%；广州则以8 000元以上为主，占比31.03%。单位住宅区整体收入较高，北京和上海的多数均为8 000元以上，比例均高于40%，广州为5 000~8 000元，占比42.86%。城中村社区和城乡接合部边缘社区居民收入较低，上海和广州的大部分为3 000元以下，北京的大部分为3 000~5 000元。新兴商品房小区居民收入普遍较高，均为8 000元以上，占比约为40%。

从居住状态变量看，传统市民社区和单位住宅区均以自购房为主，3座城市的前者社区类型自购房比例均为70%左右，后者为50%左右。城中村区域内，上海和广州都以租住私房为主，比例均超过70%，而北京则相对比较平均，租住私房比例最高，为28.57%，其次为自建房，22.86%。城乡接合部地区中，上海和广州以自购房为主，尤其是广州比例为64.71%，而北京以租住公房为主，比例为34.29%。新兴商品房中北京和广州的自购住房比例遥遥领先，分别为75.86%和84.85%，上海则以租住公房为主，比例为92.59%（此处原因为调研社区是静安区政府福利房）。

从是否认识居委会主任变量看，全部社区中只有传统市民社区认识比例较高，分别为45.71%、68.97%和66.67%，城乡接合部边缘社区比例较其他社区略高，均为20%左右。其他几个社区认识居委会的比例均很低，为10%左右。

从是否在社区办过事变量看，只有上海和广州的传统市民社区有一半以上居民曾经办过，其他所有社区的居民办事比例都很低，几乎都不超过30%。

从是否参加社区活动变量看，传统市民社区中上海和广州的居民参加活动较多，比例为 51.72%和 53.85%，北京较低，为 37.14%。此外新兴商品房小区中，广州的参加比例较高，为 33.33%。

从年龄变量看，所有城市社区之间差异不大。全体社区中，广州的传统市民社区年龄均值最高，为 54.47 岁；最年轻的居民在广州的城中村社区，为 31.7 岁。家庭成员数变量的统计结果也较为一致，均为 3 人左右；最多的是广州的传统市民社区，为 3.89 人；最少的是上海的新兴商品房小区，为 2.09 人。

从居住时间变量看，传统市民社区时间最长，3 座城市的社区数值分别为 19.34 年、17.91 年和 21.52 年。其他社区居住时间比较平均，大约为 5 年左右，其中上海新兴商品房小区为最少，仅有 1.45 年。

从通勤时间变量看，城中村的通勤时间最短，尤其广州的通勤时间仅为 0.11 小时。其他社区的通勤时间都比较接近，多为 40 分钟至 1 小时左右。只有上海的传统市民社区较长，通勤时间为 1.58 小时。

此外，从社区发展水平评价部分，在创新与学习能力方面，传统居民社区类型的社区成为五类社区中居民感受最好的，其次为城乡接合部的边缘社区。城中村的创新与学习能力评价最差，这种社区类型间的差异在三座城市中均存在。从城市角度出发，上海具有最好的创新与学习能力，在环境、活动、团队、成效方面均一定程度上处于领先地位。而北京则在三座城市中位列最后，创新与学习能力评价较差。在协同程度方面，上海市仍然是评价最高的城市，其次为广州，北京社区居民对其协同程度的评价较低。以社区类型进行划分时，协同程度最好的是传统居民社区，其次是新兴商品房小区和单位社区，城中村社区的协同程度最差。在环境状况方面，上海是环境状况发展水平最好的城市。从社区类型来看，传统居民社区此方面发展能力水平得到较好评价。在开放水平方面，传统居民社区的整体情况高于其他类型的社区。上海的开放水平高于其他两座城市，北京的开放水平评价较低。在共享氛围方面，传统市民社区领先于其他类型社区。从城市角度出发，上海在社区共享氛围方面评价依旧相对较高，北京最差。

4.6.2 城市社区发展的现状

根据以上对样本数据的分析，可以对我国城市社区发展的现状进行描述和总结。

首先，社区发展从整体上来看水平较为一般，居民对社区发展的评分的全部平均分仅为3.2分，且大多数集中在2、3、4三种类型中。对社区发展特别认同和特别不满意的居民较少。3座城市之间也有显著差异，其中上海的社区发展水平最高，居民评价最好；北京的发展水平则较低。从城市社区类型角度来看，发展水平由高至低依次为：传统居民社区、新兴商品房社区、单位社区、城乡接合部的边缘社区和城中村社区。

第二，依然从全体样本着眼，我国城市社区发展的现状的五大维度由好至差依次为社区环境绿色状况、社区协同程度、社区共享分为、社区开放水平和社区创新与学习能力。因此，想要实现城市社区的均衡发展，可以根据这个整体情况有所侧重。就不同的指标而言，城市社区类型和城市之间社区发展水平差异都非常明显。据此，在进行城市社区发展战略时，要结合不同社区的不同指标水平予以调整。

第三，影响我国城市社区发展的因素有很多。一定程度上局限于本研究的数据来源于城市居民的主观评分，因此城市居民属性，包括户籍、受教育水平等指标都与社区发展水平相关。此外，在测量城市社区发展时，通过数量分析方法可以看出，五大维度都有代表性显著性的指标，社区发展确实涉及各个方面。

5

我国城市社区发展战略设计

城市战略，是指城市整体经济、社会、环境等发展的方向性、全局性、根本性、成败关键性事物的谋划，是对城市发展整体预测、定位、计划、原则、途径、目标等的集中概括，具有引领性、长远性和总体指导性（工业化与城市化协调发展研究课题组，2002）。城市社区发展战略作为城市战略的一种，应当具备战略和城市战略的基本特征。通过对战略和城市战略的相关理论和文献的借鉴，对我国城市社区发展战略进行以下分析和设计。

5.1 指导思想分析

战略设计需要一个根本性的核心思想作为指导，以确保战略的基本立场、核心目标和实践路径的正确性。就城市发展战略而言，在新型城镇化过程中，就要根据崛起中的城市研究范式的创新，结合我国特定的政治经济背景、人口和文化特色等，来摒弃旧的传统战略思想，选择新的战略指导思想。

在讨论城市社区发展战略的指导思想时，首先要对我国新型城镇化规划——城镇化的国家级战略政策的指导思想进行借鉴。

《国家新型城镇化规划（2014—2020 年）》中对于指导思想的论述是：高举中国特色社会主义伟大旗帜，以邓小平理论、“三个代表”重要思想、科学发展观为指导，紧紧围绕全面提高城镇化质量，加快转变城镇化发展方式。以人的城镇化为核心，有序推进农业转移人口市民化；以城市群为主体形态，推动大、中、小城市和小城镇协调发展；以综合承载能力为支撑，提升城市可持续发展水平；以体制机制创新为保障，通过改革释放城镇化发展潜力，走以人为本、四化同步、优化布局、生态文明、文化传承的中国特色新型城镇化道路，促进经济转型升级和社会和谐进步，为全面建成小康社会、加快推进社会主义现代化、实现中华民族伟大复兴的中国梦奠定坚实基础。

要坚持以下基本原则：

• 以人为本，公平共享。

以人的城镇化为核心，合理引导人口流动，有序推进农业转移人口市民化，稳步推进城镇基本公共服务常住人口全覆盖，不断提高人口素质，促进人的全面发展和社会公平正义，使全体居民共享现代化建设成果。

• 四化同步，统筹城乡。

推动信息化和工业化深度融合、工业化和城镇化良性互动、城镇化和农业现代化相互协调，促进城镇发展与产业支撑、就业转移和人口集聚相统一，促进城乡要素平等交换和公共资源均衡配置，形成以工促农、以城带乡、工农互惠、城乡一体的新型工农、城乡关系。

• 优化布局，集约高效。

根据资源环境承载能力构建科学合理的城镇化宏观布局，以综合交通网络和信息网络为依托，科学规划建设城市群，严格控制城镇建设用地规模，严格划定永久基本农田，合理控制城镇开发边界，优化城市内部空间结构，促进城市紧凑发展，提高国土空间利用效率。

• 生态文明，绿色低碳。

把生态文明理念全面融入城镇化进程，着力推进绿色发展、循环发展、低碳发展，节约集约利用土地、水、能源等资源，强化环境保护和生态修复，减少对自然的干扰和损害，推动形成绿色低碳的生产生活方式和城市建设运营模式。

• 文化传承，彰显特色。

根据不同地区的自然历史文化禀赋，体现区域差异性，提倡形态多样性，防止千城一面，发展有历史记忆、文化脉络、地域风貌、民族特点的美丽城镇，形成符合实际、各具特色的城镇化发展模式。

• 市场主导，政府引导。

正确处理政府和市场关系，更加尊重市场规律，坚持使市场在资源配置中起决定性作用，更好发挥政府作用，切实履行政府制定规划政策、提供公共服务和营造制度环境的重要职责，使城镇化成为市场主导、自然发展的过程，成为政府引导、科学发展的过程。

• 统筹规划，分类指导。

中央政府统筹总体规划、战略布局和制度安排，加强分类指导；地方政府因地制宜、循序渐进抓好贯彻落实；尊重基层首创精神，鼓励探索创新和试点先行，凝聚各方共识，实现重点突破，总结推广经验，积极稳妥扎实有序推进新型城镇化。

国家新型城镇化规划作为全国城镇发展的战略文件，其指导思想也非常宏观。城市社区发展作为新型城镇化的重要环节，其战略设计的指导思想也必然可以从新型城镇化的指导思想进行借鉴。概括来说，城市社区发展也应该秉承着以人为本，公平共享；四化同步，统筹城乡；优化布局，集约高效；生态文明，绿色低碳；社区主导，政府引导的基本思路。

5.2 战略环境分析

实施城市战略的过程，是城市根据内在需求、外在环境前提下所确立的远期目标、主体定位、整体决策，与当前具体实施行为的一种动态的科学平衡和有机协调的过程。城市社区发展战略的制定和实施，则需要对城市社区发展的内外在条件和环境进行分析。

首先，城市社区发展战略应当注重战略主体的地位。战略作为城市发展的顶层构想与设计，一般包括城市的发展、规划、资源、人口的管理等诸多领域，与各种基础的要素和资源相关，因此要对城市社区发展的现状有准确、宏观同时又具体的掌握。战略作为城市社区发展的指导性政策，对社区发展的各个方面都应当发挥引领和规范的作用，强调城市各领域、各产业、各区域的协调发展以及现状与未来的可持续性发展。

根据以上环境分析的基本思路，对我国城市社区发展的战略环境进行SWOT分析如表5.1所示。

表5.1　城市社区发展战略环境的SWOT分析

优势（Strengths）分析： 已经具备一定城镇化基础，城市社区的设施和资源较为充足； 城市居民和国家政府都对社区发展予以高度重视，愿意通过自身努力推动社区发展	劣势（Weakness）分析： 城市社区发展水平整体较为一般，待改进和完善的领域多，范围广； 社区发展水平在城市之间、社区类型之间差异较大
机会（Opportunities）分析： 国家推进新型城镇化建设进程，制定和实施了许多支持城市社区发展的相关政策，为城市社区发展提供了政策依据； 经济发展进入结构调整和产业升级的新阶段，为城市社区发展带来新的机遇； 高新技术产业和创新思路与理念不断发展，为城市社区发展提供持续更新的技术支持和发展需求	威胁（Threats）分析： 城镇化进程较快，城镇的资源、环境承载力有限； 城市人口分异明显，在文化背景、价值观念等方面存在群体性的差别； 城市发展的国际竞争趋势越来越激烈，对城市社区发展的要求越来越高

结合已有的文献依据和实际调研，根据以上梳理分析，总的来说，我国城市社区发展面临着机遇与挑战并存，优势与劣势同在的现实情况。在战略设计过程中，要综合考虑优势、弱势、机会与威胁，设计一个全面、整体且有针对性的社区发展战略。

5.3 战略目标分析

战略能够使城市社区确立较为科学的奋斗目标和长远的发展方向，能够保证城市社区发展的结果与预期目标尽可能一致。由于战略是对城市社区长期发展目标的一种原则规定，所以，设计科学的发展战略，就需要明确具有了双重长期性的目标特征：一是能够保证战略的实施，使城市社区的现状与未来有所贯通；二是坚持从实际出发，以可持续发展的思路来逐步实现社区发展的现实需要，进而不断地为城市社区发展产生激励。

在城市社区发展战略目标设定中，要注意秉承以下基本原则：首先要明确战略的对象、要完成的任务和达到的结果；在确定战略目标时，要注意定量和定性相结合；在目标基本信息中，注意界定清晰的时间，并且保证长、中、短期目标相互衔接协调（华伟，2000）。

发展战略目标的确定是整个发展战略研究的关键部分，可以说目标确定的合理与否决定了整个战略研究的成败。具体到本研究来说，就是应该在对城市社区发展的环境进行综合分析的基础上，结合存在的问题、制约因素和发展潜力，找出目前制约城市社区发展的关键问题，设计适合城市社区的长远和短期的战略目标。确定实现战略目标的战略步骤包括：对发展战略的整体总目标有所谋划和设计；根据目标的要求，提出适合不同类型社区的战略措施和对策；结合目标设定，提出主要领域的具体举措。

通过对理论的借鉴和对我国城市发展相关战略文件的学习，结合我国城镇化的阶段和特征，考量我国城市社区发展的基本现状与问题，可以将城市社区发展战略的目标予以探索。

第一，要适应城镇化和新型城镇化发展规律。城市社区是城镇化的重要实践层面，是解决城镇化诸多问题的抓手，城市社区发展更是推进新型城镇化的抓手。因此，在不断促进城市社区发展过程中，要遵循城镇化的基本规律，积极应对城市发展所产生的问题，通过社区发展来有效解决。

第二，要完善城市社区的功能。回顾我国城市社区的发展历程和相关政策，结合我国现实的管理体制，城市社区发展要逐步完善其职能。包括进一步丰富其基层管理职能，努力培育社会组织，传承和发展多元的城市文化，提升社区的创新与学习能力等。在经济发展方面，通过社区经济的发展，尤其是突出强调第三产业的发展来为城市经济结构优化升级助力；在人口吸纳和融合方面，通过城市社区协调、开放和共享氛围的不断完善，不断缩小人与人、社区与社区之间的距离。

第三，要合理城市社区的规模和尺度。要顺应新型城镇化的发展需求，对城市社区的规模和密度进行合理规制、安排和调整，以集约和舒适为关键标准，符合国家对人均城市建设用地的规定和标准。完善城市社区周边的配套公共服务设施，在道路交通、基础设施管网的配置和建设方面不断完善，提高覆盖率，增强城市社区居民生活的便利程度。发挥城市社区的辐射作用，构建社区的经济、文化的微中心。

第四，要提高城市社区的生活质量。不断丰富和完善社区对居民生活的供给能力，满足其基本生活需要，使社区消费的环境更加便利。稳步推进社区教育、社区养老、社区卫生、社区优抚、社区就业、社区学习与创新等方面的全面推进和发展。改善社区环境，防治污染，实现资源节约利用。使空气质量逐渐好转，饮用水安全得到保障，历史文化、人文景观和自然风景得到保护和传承。

第五，要培育多元的、健康的城市社区文化。文化是城市社区的灵魂，培育社区文化可以分为两大基本思路：一方面是对社区悠久的文化传统予以继承和发扬，体现在对历史的建筑、风物予以保护，对一些好的风俗、习惯进行传承；另一方面是吸收国内外先进的城市文化思想，秉持包容的态度，学习创新的思维、方法。

第六，要实现城市社区的协调发展。社区的协调发展体现在社区内、社区间以及城市间、区域间的协调共荣。就社区内协调发展而言，要争取实现创新、协调、绿色、开放、共享五大发展维度的齐头并进，共同发展。在社区间的协调发展中，要坚持尊重城市社区各自特征，并在此基础上尽可能地减少城市社区发展水平上的差异。城市社区作为城镇化进程的重要实践层面，在推动城镇化格局优化中也会发挥重要作用。在国家实行“东部地区城市群一体化，中西部地区城市群成为推动区域协调发展的新的重要增长极”的发展战略的同时，通过社区发展，积少成多，为城市区域格局优化做出贡献。

5.4 战略设计

在新型城镇化快速推进的进程中，城市社区发展是现代城镇化的重要部分，日益成为关系居民日常生活、社会经济发展的关键。我国现在是城市人口极多、城市化速度极快的现状，所需解决的问题也层出不穷。这需要我们沉着应对，认真分析社区发展的实际问题和需要。

第一，城市社区发展需要秉承科学合理的思想理念。国家提出了“创新、协调、绿色、开放、共享”的五大发展理念，为全面建设小康社会提供了指导，更为新型城镇化进程中城市社区发展指明了方向。城市社区作为一个由居民组成的有机体，在其特定的地域范围内有着密切的社会关系，开展着许多的生产生活活动。据此，更应该强调社区发展中的创新，鼓励居民和组织开展学习活动，为社区发展创新提供良好的环境和资源。社区内外的协调与整个城市乃至社会的稳定相关，在促进社区协调中应当关注各个群体的真实诉求，逐步地缩小社区间、城乡间、区域间的差距，协同共生，携手发展。整个国家的环境情况就是由每个社区的情况所共同组成的，良好的景观、环境，清洁的街道、花园都会为整个城市的环境增光添彩。尤其是城市社区承担着大量的居民生活行为，社区的可持续发展关系到整个社会的可持续发展。鼓励社区开放更是适应了时代发展的潮流，解除对居民的地域限制，鼓励居民对社区发展建言献策以及亲身参与，积极借鉴国内外先进的发展经验，都将有利于城市社区的发展。共享则是社区社会属性的核心体现。居民对于社区的高认同度、归属感和满意度不仅是社区凝聚力的体现，更是社区发展的推力。在以上五大发展理念的指引下，城市社区发展应当将理念与现实相结合，通过努力一步步真正实现社区发展的理想状态。

第二，城市社区发展需要搭建完备可靠的政策体系。有“法”可依是我国现阶段城市社区发展的重要需求。在一套完备可靠的政策体系下，社区发展的各个主体的职能、权限、层级、绩效、奖惩都可以予以明确规定。尤其是在社区发展的不同阶段，应当有不同层级的政策对发展目标、实现方式、资源配备予以指导。这样能够有效保证城市社区发展道路不偏、不远。

第三，城市社区需要建设面向居民的治理结构。城镇化、城市社区发展的核心都在于城市居民。城市社区发展的核心要义也是使居民通过有计划的改变来对现有的各种情况进行改善。社区居民是最了解本社区的实际需要和发展问题的人，在现代治理体系改革中，基层治理结构改革应当更注重城市社区居民的诉求。此外，在培育社会组织的过程中，应当肯定他们的志愿性和专业性，鼓励好的社会组织在城市社区发展中发挥作用。面向居民的治理结构，应当保障政府、社会组织和居民的良性互动。

第四，城市社区发展需要怀抱积极长远的宏观视角。过去的几十年中，我国的城市社区发展都一定程度上滞后于其真实的发展需求，一直在被动地解决层出不穷的城市问题。而新型城镇化进程中，我们可以吸收先进的理论思想、国内外经验以及充分利用现代科技，有预见性地推动城市社区的发展。

根据这样的设计方法和思想，本研究构建了一个战略设计的基本框架，如图 5-1 所示。

就公共政策的目标和效果而言，其大致可以分为三类。第一种是面向现实状况，以解决当前问题为主要目的的微观思考。这种政策通常不会对现有的组织结构、管理程序、资源条件进行大幅度地革新。一般都会以问题为导向，坚持具体问题具体分析。通常由问题所涉及的最基层、前沿、

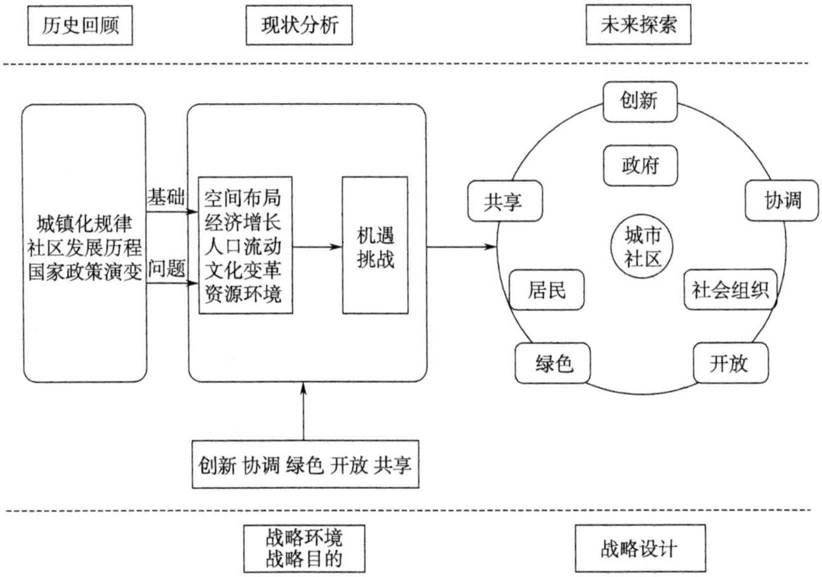

图 5-1　战略设计的基本框架

一线的工作人员寻求解决办法时制定；第二种是视角更为宽泛，角度更为深远地面向中观层面的政策。这类政策通常会综合考虑现有的社会经济形势，并对资源进行综合配置，能够一定程度上改善已有的组织结构、优化工作流程，是有一定时效存续的方案和政策，通常由有一定职位的领导来推进；第三种是宏观的战略思考，从全局出发，考虑中长期的政策目标，大胆革新，在思想、理论、方法上都有突破的理想型状态，致力于问题的解决和预防。常在制度体系、组织结构和管理方法与流程上有很大突破。

本研究通过对理论的梳理和现实的分析，尝试从指导思想、行为主体和政策举措三个方面，构建一个适应新型城镇化进程的城市社区发展战略设想，具体内容见表 5.2。

表 5.2 城市社区发展战略设计

社区类型	现状分析				战略举措
	居民构成	社区氛围	社区环境	主要挑战	
传统居民社区	居民年龄偏大，家庭成员数较多，居住时间最久，通勤时间较短。本市户籍的居民比例较高，受教育水平中等偏低，职业类型以离退休人员和国家机关人员为主，月收入水平居中	社区认知水平最好，社区的协同程度、开放水平和共享氛围都处于领先地位，创新与学习能力较差	以自购房为主的居住状态，社区环境很好	社区居民人口老龄化，对社区的基本服务要求较高，社区包容性差，传统文化陆续衰落	传承与发扬优秀的社区和城市文化，对物质载体予以保护和更新，丰富社区服务功能
单位社区	居民年龄居中，家庭成员数较少，居住时间较短，通勤时间中等偏长。本市户籍的居民比例较高，受教育水平很高，职业类型以事业单位和国家机关人员为主，月收入水平较高	社区认知情况一般，社区协调程度和开放水平较好，共享氛围和创新能力较差	居住状态以自购房为主，社区环境绿色状况较好	社区相对封闭，社区内共享较差，创新动力不足	顺应城市社区发展规律，进行社区发展的合理转型。促进社区开放水平的提高，鼓励社区居民的协调和共享，推动管理和发展的思路与模式上的创新

续表

社区类型	现状分析				战略举措
	居民构成	社区氛围	社区环境	主要挑战	
城乡接合部的边缘社区	居民年龄偏大，家庭成员数较少，居住时间居中，通勤时间最长。 非本市户籍的居民占极大比例，受教育水平较低，职业类型以无业、失业人员为主，月收入水平较低	社区认知情况一般，创新与学习能力较好，且在不同类型中比较领先。社区的协同、开放和共享都较为一般	居住状态以租住私房和自购房为主，社区环境较差	社区发展存在过渡性和不稳定性，社区协同共享都比较差	结合城市整体的布局和规划，进一步改善社区环境，在污染防治、基础设施建设等方面予以大力发展
城中村社区	居民年龄偏大且城市间差异明显，家庭成员数居中，居住时间较短，通勤时间最短。 非本市户籍的居民比例很高，受教育水平偏低，职业类型以无业、失业人员和企业工作人员为主，月收入水平很低	社区认知水平较差。社区协调程度和共享氛围很好，在不同的类型间也处于领先地位。创新能力一般，开放水平较好	居住状态以租住私房为主，社区环境不好	社区环境较差，社区居民的归属感和认同度较低	一方面要注重社区环境的改造升级，一方面要加强对此类社区的管理。注重社区文化的营造以及对此类社区居民的接纳和融入

续表

社区类型	现状分析				战略举措
	居民构成	社区氛围	社区环境	主要挑战	
新兴商品房社区	居民年龄偏低，家庭成员数较少，居住时间最短，通勤时间很长。本市户籍居民比例较高，受教育水平非常高，职业类型平均分布在国家机关、事业单位和企业，月收入水平居中	社区认知情况较差。社区内的协调程度和共享氛围较高，创新与学习能力略弱	居住状态以自购房和租住公房为主。社区环境很好	社区文化较为独立，社区居民互动较少，创新的动力和能力较差	以此类社区作为社区发展创新的实践重点，结合居民状况和发展现状特点，鼓励社区在经济、文化、人口、管理方式方面的综合创新

6

结论与展望

6.1 本研究的主要结论

本研究通过文献梳理、政策回顾、数据分析和能动思考，面向研究问题，得出了以下结论。

第一，社区发展在我国新型城镇化进程中有着至关重要的作用和意义，推动社区发展不仅与城镇化进程有关，也紧密联系着居民的日常生活、社会经济活动的有序开展。社区理论研究层出不穷，通过对其发展演变的溯源、主要流派的划分以及对社区定义、内涵和类型的综述，本研究认为社区就是指一个特定的地域空间以及居住在这个空间内存在社交关系的人的总合。在此基础上，通过对文献的借鉴，将城市社区（即位于城市的社区）分为传统居民社区、单位社区、城中村社区、城乡接合部的边缘社区和新兴商品房社区五类。对概念和分类的明确为之后的量化研究和战略设计做好了基础。

第二，我国城市社区建设发展有着深刻的时代烙印，很大程度上受政治、经济、文化、社会管理方式的影响。城市社区经历了单位制向街居制向社区制的发展演变，在这个过程中，居民与城市、居民与单位、居民与社区以及居民与居民之间的关系都发生了巨大变化。在经济、社会体制变迁的同时，城市居民生活也发生了翻天覆地的变化，社会职能几经转变。单位制作为我国城市社区长期存续的一种建制，有着非常全面的功能，呈现一种“单位办社会”的社会现实。这段时期行政体系和命令管理着全社会的经济、文化、政治生活，单位成为了基层行政组织，城市居民对单位组织有着非常强的依附性，人口流动也非常困难。在单位制为我国基层管理模式的主体的同时，另一种以街道办事处和居民委员会为管理主体的街居制也存续了一段时间。然而随着城镇化进程的不断推进，街居制也已经不再适应时代发展潮流，一些问题开始涌现，社区制开始顺应城镇化进程和经济社会发展的必然趋势得以发展。社区制注重居民的参与和互动，强调社区发展，以为社区居民营造良好的社区生活为目标。现行的社区制作为基层管理体制更为适合现阶段的发展需求，但也存在许多困境和问题，需要在城市社区发展进程中逐一解决。

第三，我国城市社区建设和发展的政策文件有着明显的特点：我国的城市建设和城市社区发展政策具有很强的时代特性。在“单位制”为城市基层管理的主要模式时，我国重视居委会组织的权利和义务。在改革开放以前，受经济体制和资源分配方式的局限，与城市及其社区发展有关的政策相对较少。随着改革开放的不断深入，我国首先从法律体系开始，为城市社区发展打下了良好的法律基础。进入 21 世纪后，经济与城市发展都进入了一个更加快速、全面的崭新阶段，城市社区发展的现实状态和未来需求都发生了巨大变化。国家十分重视城市社区的建设和发展，在国家战略、法律法规、部门规章等方面也与时俱进地为社区发展提供新的战略指导；其次，政策制定主体集中且全面，包括全国人大常委会，中共中央、全国人大以及民政部、国家发展与改革委员会及其他国家部委。这些政策主体最大程度地保障了政策的实施效力，并能够更好地保障政策的渐进式完善。同时，政策主题和内容覆盖面较广。在国家战略政策的指导下，许多涉及城市社区发展具体内容的政策也相继出台，包括社区卫生、社区养老、社区组织培育和管理、社区建筑管理等。

第四，通过实地调研，对我国城市社区发展现状有所了解，并在此基础上进行了比较分析和对影响城市社区发展的因素进行探索。社区发展从整体上来看水平较为一般，居民对社区发展的评分的全部平均分仅为3.2分，3座城市间也有显著差异，其中上海市的社区发展水平最高，居民评价最好；北京的发展水平则较差。从城市社区类型角度来看，发展水平由高至低依次为：传统居民社区、新兴商品房社区、单位社区、城乡接合部的边缘社区和城中村社区。我国城市社区发展的5大维度由好至差依次为：社区环境绿色状况、社区协同程度、社区共享氛围、社区开放水平和创新与学习能力。另外，影响我国城市社区发展的因素有很多。一定程度上局限于本研究的数据来源于城市居民的主观评分，所以城市居民属性，包括户籍、受教育水平等指标都与社区发展水平有所相关。此外，在测量城市社区发展时，通过数量分析方法可以看出，5大维度都有代表性显著性的指标，社区发展确实涉及各个方面。此外，根据数据分析提取出了社区发展水平中的13个主要成分，为城市社区发展的战略设计提供了依据。

第五，在理论框架指导和现实数据分析的基础上，本论文针对不同的社区类型的现状与问题，结合其面临的发展挑战，通过对战略的指导思想、战略环境与目标进行了综合分析，以“创新、协调、绿色、开放、共享”五大发展理念为核心，给出了针对不同的城市社区类型的、各有侧重的战略设计。

就传统居民社区而言，战略重点在于传承与发扬优秀的社区和城市文化，对物质载体予以保护和更新，丰富社区服务功能。

对于单位社区而言，战略重点在于顺应城市社区发展规律，进行社区发展的合理转型。促进社区开放水平的提高，鼓励社区居民的协调和共享，推动管理和发展的思路与模式上的创新。

对于城中村社区而言，战略重点在于结合城市整体的布局和规划，进一步改善社区环境，在污染防治、基础设施等方面予以大力发展。

对于城乡接合部的边缘社区而言，战略重点在于既要注重社区环境的改造升级，又要加强对此类社区的管理。注重社区文化的营造以及对此类社区居民的接纳和融入。

而对于新兴商品房社区而言，应当以此类社区作为社区发展创新的实践重点，结合其居民和发展现状特点，鼓励社区发展在经济、文化、人口、管理方式方面的综合创新。

城市社区是城市生活的基层载体，其发展关系整个城镇化和新型城镇化进程的方方面面。在我国新型城镇化进程充满挑战和机遇的今天，城市社区发展有着非常重要的意义，也是上至国家下至居民极为关心的问题。

本研究的主要贡献包括，在理论方面从城镇化和新型城镇化的概念和内涵出发，系统梳理了城市社区、社区发展和战略的概念和理论体系，结合“创新、协调、绿色、开放、共享”的五大发展理念，对社区、社区发展、社区发展战略的概念予以梳理和明确，以及对社区发展的内涵予以构念并进一步通过指标进行评测。

在此基础上，本研究回顾了我国城市社区发展的历程，总结了各阶段的典型特征。同时总结了建国以来我国涉及城市社区发展的所有国家层面的政策文件，挖掘了政策重点和变化趋势，为我国未来的城市社区发展提供了经验和目标。

另外，本文通过对理论文献进行借鉴，对我国代表性城市的社区发展现状进行了描述，并根据城市和社区类型进行了对比分析，并在此基础上对社区发展的影响因素进行了探索。并在此基础上对城市社区提供了发展战略设计。

此外，本研究在研究方法上有所创新和突破。本研究采取了理论借鉴和实地研究相结合的方式，尤其是在针对如何对城市社区发展水平进行测量、评价和对比分析方面，进行了创新的探索。我国尚未有全国统一的以城市社区为对象的客观统计指标体系，然而了解社区发展现状与存在的问题是为其进行战略设计，以更好地推动城市社区发展的关键。

本研究首先从基本理论层面，对城镇化、城市社区和社区发展进行了描述和界定，明确了将居民对其所在社区的综合评分作为一项评价指标，用以整体描述社区的发展水平。借鉴对社区发展内涵和影响因素的相关理论和基本逻辑，结合我国的经济、社会和城市现状，以“创新、协调、绿色、开放、共享”为主导思想进行了社区发展评价模型和问卷设计。在此基础上，对北京、上海、广州的共5种类型15个社区进行了问卷调查，并运用多种数据分析方法对调查数据进行比较分析。利用描述统计和方差分析的方法对城市之间、社区类型之间的社区整体发展水平，同一类型不同城市之间、同一城市不同社区类型之间的社区发展进行了对比分析。并用探索性因子分析对影响社区发展的主要因素进行了提取。

6.2 本研究的局限与展望

当然，本研究也存在一些不足。首先在研究视野方面，只局限于现状的描述和分析，忽略了与过去的对比和对未来的预测，同时也缺乏宏观数据支持，这也将成为作者研究的起点，希望今后有更完备的资料和数据以进行更有价值的研究。其次，本研究评价社区发展能力的指导思想是五大发展理念，对社区的经济、资源能力缺乏评测。另外，在数据分析处理方面，受研究单元的限制，社区发展能力作为因变量并没有准确的可借鉴的大样本数据，只能通过对社区居民的访谈获得。这些严重依赖社区居民直观感受的调查数据存在一定的局限性。上述研究不足都将激励研究者继续学习，继续致力于城市社区发展研究。

社区是城市活动的载体，与每个居民、组织以及整个社会的生产生活息息相关。城市社区人口集中、异质性强、社会矛盾明显，是流动人口的缓冲地；城市社区经济繁荣，尤其是第三产业的发展，为城市经济活动做出了巨大贡献。城镇化过程中出现的先进成果和城市问题更是在城市社区有体现。尤其是我国改革开放以来，快速的城镇化进程为城市社区生活带来了越来越多的可能。城市社区的建设和发展是我国新型城镇化的基础，更需要我们应用前沿的理念、科学的方法来探索和实践适宜的发展路径。新型城镇化的推进如何以城市社区为载体，城市社区发展应该致力于哪些问题，进而作为新型城镇化中的一部分推动整个城市、社会以及国家的持续发展，则是本研究所关注和解决的核心问题之一。

最后，社区是每个居民的家庭的承载，是许多社交关系的起源，是每个现代人都无法隔绝的存在。推进城市社区发展，就是在不断改进每个人的生活质量。在我国新型城镇化的进程中，机遇与挑战并存。这更需要每个居民积极参与，社会组织发挥作用，各级政府协调推进。不断推进城市社区发展虽然任重而道远，但我们仍会满怀期待。

参考文献

[1]Abbott A,1997. Of time and space:The contemporary relevance of the Chicago School. Social Forces,75(4):1149-1182.

[2]Abu-Lughod J L,1991. Changing cities:Urban sociology:Harpercollins College Division.

[3]Abu-Lughod J L,1999. New York,Chicago,Los Angeles:America's global cities:University of Minnesota Press.

[4]Aguiar G G,2002. Bowling Alone:The Collapse and Revival of American Community:Robert D. Putnam; New York:Simon & Schuster,2000,541 pages. Social Science Journal,39(3):489-490.

[5]Aiken L H,Patrician P A,2000. Measuring organizational traits of hospitals:the Revised Nursing Work Index. Nursing research,49(3):146-153.

[6]Amos H Hawley. 1944. Ecology and human ecology. Social Forces:398-405.

[7]Becker,H. 1960. Normative reactions to normlessness. American Sociological Review,803-810.

[8]Beggs J J,Haines V A,Hurlbert J S,1996. Revisiting the Rural-Urban Contrast:Personal Networks in Nonmetropolitan and Metropolitan Settings1. Rural sociology,61(2):306-325.

[9]Bell C,Newby H,1972. Community studies:an introduction to the sociology of the local community:Praeger Publishers.

[10]Bell,W. 1959. Social areas:typology of urban neighborhoods.

[11]Bellah E R N,Bellah R N,Tipton S M,et al. ,2007. Habits of the heart:Individualism and commitment in American life:Univ of California Press.

[12]Beller R N,1996. Habits of the heart:Individualism and commitment in American life[J]. Journal of American History,26(1-2):263-263.

[13] Bernard J,2012. Sociology of Community: A Collection of Readings [M]. Routledge.

[14]Berry B J L,Kasarda J D,1977. Contemporary urban ecology.

[15]Bess K D,Fisher A T,Sonn C C et al. ,2002. Psychological sense of community:Theory,research,and application Psychological sense of community [M]. New York City:Springer.

[16]Borgatta E F,Borgatta M L,1992. Encyclopedia of sociology(Vol. 2) [M]. Macmillan Nova York.

[17] Bourdieu P,2011[1986]. "The forms of capital. (1986)" [J]. Cultural theory:An anthology,81-93.

[18]Brint S,2001. Gemeinschaft revisited:A critique and reconstruction of the community concept[J]. Sociological theory,19(1):1-23.

[19]Buechler S M,2013. Mass Society Theory The Wiley-Blackwell Encyclopedia of Social and Political Movements[M]. Blackwell Publishing Ltd.

[20]Bullard R,Johnson G S,Torres A O,2000. Sprawl city:Race,politics, and planning in Atlanta[M]. Island Press.

[21] Burgess E W, 1967. The growth of the city: an introduction to a research project[M]. Ardent Media.

[22] Burt R S, 2009. Structural holes: The social structure of competition [M]. Harvard university press.

[23] C Vidal A, Keating W D, 2004. Community development: Current issues and emerging challenges[J]. Journal of Urban Affairs, 26(2): 125-137.

[24] Chaskin R, Chipenda - Dansokho S, Joseph M, et al., 2001. An evaluation of the Ford Foundation's Neighborhood and Family Initiative. Retrieved January, 3, 2007.

[25] Chavis D M, Wandersman A, 1990. Sense of community in the urban environment: A catalyst for participation and community development[J]. American journal of community psychology, 18(1): 55-81.

[26] Chipuer H M, Pretty G M H, 1999. A review of the sense of community index: Current uses, factor structure, reliability, and further development [J]. Journal of community psychology, 27(6): 643-658.

[27] Christenson James A, 1989. Community development in perspective [M]. Iowa State University Press.

[28] Christian-Smith J, Gleick P H, 2012. A twenty-first century US water policy[M]. Oxford University Press.

[29] Clark D B, 1973. The concept of community: a re-examination[J]. The Sociological Review, 21(3): 397-416.

[30] Cohen A P, 2013. Symbolic construction of community[M]. Routledge.

[31] Coleman J S, 1957. Community conflict[M]. Free Pr.

[32]Coleman J S,1994. Foundations of social theory. Boston[M]. Harvard university press.

[33]Coleman J S, Fararo T J, 1992. Rational choice theory[M]. Nueva York: Sage.

[34]Cree V E,2010. Sociology for social workers and probation officers[M]. Routledge.

[35] Crenshaw E M, Christenson M, Oakey D R, 2000. Demographic transition in ecological focus[J]. American Sociological Review:371-391.

[36]Davis F,1959. Modern Sociological Theory in Continuity and Change [J]. The Journal of Nervous and Mental Disease,129(3):306-307.

[37]Driskell R B,Lyon L,2002. Are virtual communities true communities? Examining the environments and elements of community[J]. City & Community, 1(4):373-390.

[38]Durkheim E,2014. The division of labor in society[M]. Simon and Schuster.

[39]Ecology H,1950. A Theory of Community Structure[M]. New York: Ronald Press.

[40]Etzioni A,1998. The new golden rule: Community and morality in a democratic society[M]. New York: Basic Books.

[41]Etzioni A M,1996. The Responsive Community: A communitarian Perspective[J]. American Sociological Review,61(1):1-11.

[42]Ferguson R F,Dickens W T,2011. Urban problems and community development[M]. Brookings Institution Press.

[43] Fischer C S, Baldassare M, Ofshe R J, 1975. Crowding studies and urban life: A critical review[J]. Journal of the American Institute of Planners, 41(6): 406-418.

[44] Flanagan W G, 2010. Urban sociology: Images and structure [M]. Rowman & Littlefield Publishers.

[45] Frankenberg R, 1966. Communities in Britain: social life in town and country (Vol. 798) [M]. Penguin Books Harmondsworth.

[46] Fraser H, 2005. Four different approaches to community participation [J]. Community Development Journal, 40(3): 286-300.

[47] Freeman L, 2004. The development of social network analysis[J]. A Study in the Sociology of Science.

[48] Friedmann J, 2008. Four Theses in the Study of China's Urbanization [J]. International Journal of Urban & Regional Research, 30(30): 440-451.

[49] Friedmann J, Wolff G, 2009. World city formation: an agenda for research and action [J]. International Journal of Urban & Regional Research, 6(3): 309-344.

[50] Fuchs C, 2007. Transnational space and the 'network society' [J]. Twenty-First Century Society, 2(1): 49-78.

[51] Funk R E, 2010. Transforming the City: Community Organizing and the Challenge of Political Change[J]. Journal of Community Practice, 18(1): 128-131.

[52] Gómez-Navarro T, García-Melón M, Acuña-Dutra S, et al., 2009. An environmental pressure index proposal for urban development planning based on

the analytic network process[J]. Environmental Impact Assessment Review, 29(5): 319-329.

[53] Gamson W A, 1966. Rancorous conflict in community politics[J]. American Sociological Review: 71-81.

[54] Gans H, 1968. Urbanism and suburbanism as ways of life: Reevaluation of definitions.

[55] Gilchrist A, 2009. The well-connected community: a networking approach to community development[M]. Policy Press.

[56] Gittell R, Vidal A, 1998. Community organizing: Building social capital as a development strategy[M]. CA: Thousand Oaks.

[57] Gold H, 2002. Urban life and society[M]. Pearson College Division.

[58] Gottdiener M, Hutchison R, 2010. The new urban sociology[M]. Westview Press.

[59] Granovetter M, 1985. Economic action and social structure: The problem of embeddedness[J]. American journal of sociology: 481-510.

[60] Granovetter M S, 1973. The strength of weak ties[J]. American journal of sociology: 1360-1380.

[61] Green G P, Haines A, 2012. Asset Building and Community Development[J]. Journal of community practice.

[62] Hannan M T, Freeman J, 1988. Density dependence in the growth of organizational populations[J]. Ecological models of organizations: 7-32.

[63] Harris C D, Ullman E L, 1945. The nature of cities[J]. The Annals of the American Academy of Political and Social Science: 7-17.

[64] Hawley A H, 1950. Human Ecology: A Theory of Community Structure [M]. New York: Ronald.

[65] Hawley A H, 1968. Human Ecology: A Theory of Community Structure International Encyclopedia of the Social Sciences [M]. New York: Macmillan/ Free Press.

[66] Heckscher A, Robinson P, 1977. Open spaces: the life of American cities: a twentieth century fund essay [M]. Harper & Row.

[67] Hillery G A, 1955. Definitions of community: Areas of agreement [J]. Rural sociology, 20: 111-125.

[68] Hopkins L D, 2001. Urban development: The logic of making plans [M]. Island Press.

[69] Hunter A, 1985. Private, parochial and public social orders: The problem of crime and incivility in urban communities [J]. The challenge of social control: Citizenship and institution building in modern society: 230-242.

[70] Hunter A, Janowitz M, 1974. Symbolic communities: The persistence and change of Chicago's local communities [M]. University of Chicago Press.

[71] Hurley R F, Hult G T M, 1998. Innovation, market orientation, and organizational learning: an integration and empirical examination [J]. The Journal of Marketing: 42-54.

[72] Imrie R, Thomas H, 1999. British urban policy: an evaluation of the urban development corporations [M]. Sage.

[73] Kornhauser W, 2013. Politics of Mass Society (Vol. 49) [M]. Routledge.

[74] Korten D C, 1980. Community organization and rural development: A learning process. Public Administration Review, 40(40): 480-511.

[75] Kretzmann J P, McKnight J L, Kretzmann J P, et al., 1993. Building communities from the inside out: a path toward finding and mobilizing a community's assets: Asset-Based Community Development Institute, School of Education and Social Policy[M]. Northwestern University.

[76] Kuhn T S, 2012. The structure of scientific revolutions[M]. Chicago: University of Chicago press.

[77] Li X, Yeh A G -O, 2000. Modelling sustainable urban development by the integration of constrained cellular automata and GIS[J]. International Journal of Geographical Information Science, 14(2): 131-152.

[78] Lynd R S, Lynd H M, 1937. Middletown in transition: A study in cultural conflicts[M]. New York: Harcourt Brace.

[79] Lyon L, Driskell R, 2012. The community in urban society(Second Edition[M]. Long Grove, Illinois: Waveland Press.

[80] Macfarlane A, 1977. History, Anthropology and the Study of Communities[J]. Social History, 2(5): 631-652.

[81] Marcuse P, 1993. What's so new about divided cities? [J]. International Journal of Urban and Regional Research, 17: 355-355.

[82] Mark G, Ray H, 2006. The New Urban Sociology.

[83] McMillan D W, Chavis D M, 1986. Sense of community: A definition and theory. Journal of community psychology, 14(1), 6-23.

[84] Minar D W, Greer S A, 1969. The concept of community: Readings with

interpretations[M]. Chicago:Aldine Transaction.

[85]Mollenkopf J H, Castells M, 1991. Dual City: Restructuring[M]. New York: Russell Sage Foundation.

[86]Mooney G, Neal S, 2009. Community: welfare, crime and society[M]. Open University Press.

[87]Namboodiri K, 1988. Ecological demography: Its place in sociology[J]. American Sociological Review: 619-633.

[88]Park R E, Burgess E W, Janowitz M, 1969. Introduction to the Science of Sociology[M]. Greenwood Press.

[89]Park R E, Burgess E W, McKenzie R D, 1984. The city: Suggestion for the investigation of human behavior in the city environment[M]. Chicago: University of Chicago Press.

[90]Parsons T, 2013. Social system[M]. Routledge.

[91]Parsons T, Shils E A, Smelser N J, 1965. Toward a general theory of action: Theoretical foundations for the social sciences[M]. Transaction Publishers.

[92]Parsons T, Smelser N, 1956. Economy and Society Glencoe[M]. Free Press.

[93]Peterman W, 2000. Neighborhood planning and community-based development: The potential and limits of grassroots action[M]. Sage.

[94]Pressat R, Wilson C, 1985. The dictionary of demography[M]. Basil Blackwell.

[95]Putnam R D, 1995. Bowling alone: America's declining social capital [J]. Journal of democracy, 6(1): 65-78.

[96]Putnam R D,2000. Bowling alone,america's declining of social capital [J]. Journal of Democracy,6(1):65-78.

[97]Radcliffe-Brown A R,1940. On social structure[J]. The Journal of the Royal Anthropological Institute of Great Britain and Ireland,70(1):1-12.

[98]Redfield R,1949. Tepoztlan:A Mexican Village:a Study of Folk Life [M]. University of chicago Press.

[99]Robinson J W,Robinson J W,2010. Introduction to Community Development[M]. Sage Publications Ltd.

[100]Rubin H J,Rubin I S,2007. Community organizaing and development 4th ed. Boston:Allyn & Bacon.

[101]Sanders I T,1958. The community:an introduction to a social system.

[102]Scott J,2012. Social network analysis[M]. Sage.

[103]Seeman A L,1938. Communities in the Salt Lake Basin[J]. Economic Geography:300-308.

[104]Shaffer R,Summers G F,1989. Community economic development.

[105] Shaw M, 2008. Community Development and the Politics of Community[J]. Community Development Journal,(43):24-36.

[106]Shevky E,Bell W,1955. Social area analysis; theory,illustrative application and computational procedures.

[107]Simmel G,1950. The metropolis and mental life[M]. New York:Free Press.

[108]Smock K,2006. Democracy in Action:Community Organizing and Urban Change[M]. Columbia University Press.

[109] Stoecker R, 2009. Community Organizing and Social Change[J]. Contexts, 8(1):20-25.

[110] Strauss A L, 1976. Images of the American city[M]. Transaction Publishers.

[111] Suttles G D, 1972. The social construction of communities[M]. Chicago: University of Chicago Press.

[112] Symonds A, Kelly A, 1998. The social construction of community care [M]. Macmillan.

[113] Tönnies F, 1957. Community and society[M]. Michigan: Michigan State University Press.

[114] Theodori G L, 2005. Community and Community Development in Resource - Based Areas: Operational Definitions Rooted in an Interactional Perspective[J]. Society & Natural Resources, 18(7):661-669.

[115] Weber M, 1958. The Protestant ethic and the spirit of capitalism, trans. Talcott Parsons[M]. New York: Charles Scribner's Sons.

[116] Weber M, 1978. Economy and society: An outline of interpretive sociology[M]. Los Angels: University of California Press.

[117] Weber M, 1993. The sociology of religion[M]. Boston: Beacon Press.

[118] Weber M, 2002. The Protestant Ethic and the Spirit of Capitalism: and other writings[M]. London: Penguin.

[119] Weinstein J A, Pillai V K, 2001. Demography: The science of population[M]. Allyn and Bacon.

[120] Wellman B, Leighton B, 1979. Networks, Neighborhoods, and Commu-

nities Approaches to the Study of the Community Question[J]. Urban Affairs Review,14(3):363-390.

[121]Wilkinson K P,1991. The community in rural America[M]. Greenwood Publishing Group.

[122]Wirth L,1938. Urbanism as a Way of Life[J]. American journal of sociology:1-24.

[123]Woods R,Cadwallader M,Zelinsky W,1993. Zelinsky,W. 1971:The hypothesis of the mobility transition. Geographical Review 61,219 - 49[J]. Progress in Human Geography,17(2):213-219.

[124]Yamin S,Gunasekaran A,Mavondo F T,1999. Innovation index and its implications on organisational performance: a study of Australian manufacturing companies[J]. International Journal of Technology Management,17(5):495-503.

[125]巴比,2002. 社会研究方法基础[M]. 北京:华夏出版社.

[126]薄慧茹,1988. 城市社区协调发展的几个问题[J]. 福建论坛(经济社会版),88(10):015.

[127]保罗·诺克斯,琳达·迈克卡西,2009. 城市化[M]. 顾朝林,等,译. 北京:科学出版社.

[128]毕霞,张自谦,2011. 基于政府视角的社区民间组织发展策略研究[J]. 北华大学学报(社会科学版),(1):33-36.

[129]卜长莉,2009. 社区冲突与社区建设——东北城市社区矛盾问题案例研究[M]. 北京:社科文献出版社.

[130]蔡昉,2010a. 刘易斯转折点与公共政策方向的转变——关于中国

社会保护的若干特征性事实[J]. 中国社会科学,31(6):125-137.

[131]蔡昉,2010b. 人口转变、人口红利与刘易斯转折点[J]. 经济研究,55(4):4-13.

[132]蔡雪雄,邵晓,2008. 二元经济结构理论最新研究动态[J]. 经济学动态,49(1):94-97.

[133]曹广忠,陈昊宇,边雪,2012. 2000年以来中部地区城镇化的空间特征与影响因素[J]. 城市发展研究,19(7):22-28.

[134]陈大鹏,2002. 以人为本的城市规划与社区发展[J]. 规划师,18(8):20-22.

[135]陈家喜,2003. 论城市社区建设中的居民参与——以昆明市S社区居委会为例[J]. 学术探索,(6):41-43.

[136]陈临沛,吴东民,2012. 中国城市社区发展中非营利组织建设探析——以济南市裕园社区为例[J]. 社科纵横(新理论版),1:45-46.

[137]陈柳钦,2004. 产业发展:城市化发展的动力[J]. 岭南学刊,6:66-69.

[138]陈柳钦,2005. 论城市化发展的动力机制——从产业结构转移与发展的视角来研究[J]. 现代经济探讨,1:10-15.

[139]陈柳钦,2011. 城市文化:城市发展的内驱力[J]. 西华大学学报(哲学社会科学版),1:108-114.

[140]陈美球,吴次芳,2002. 城镇化土地配置国际比较[J]. 中国土地,8:42-44.

[141]陈少峰,王帅,2014. 城镇化进程中的城市文化建设[J]. 经济与管理战略研究,2:81-85.

[142]陈树德,1985. 从《乡土中国》看费孝通的学术生涯[J]. 读书,5:4.

[143]陈树文,匡海波,2005. 论城市社区经济组织的管理[J]. *Science and Management*,25(5):63-64.

[144]陈涛,1997a. 社会发展与社区发展[J]. 社会学研究,2:11-17.

[145]陈涛,1997b. 社区发展:历史,理论和模式[J]. 中国人口:资源与环境,1:18-23.

[146]陈伟东,孔娜娜,卢爱国,2010. 政府行动与社会行动衔接:中国社区发展战略[J]. 社会主义研究,5:56-60.

[147]陈宪,2000. 发展城市社区经济的思考[J]. 上海经济研究,7:17-23.

[148]陈潇潇,朱传耿,2007. 我国城市社区研究综述及展望[J]. 重庆社会科学,9:108-115.

[149]陈欣,黄旻露,2008. 社会企业,能否成为中国社区和谐发展的"新能源"[J]. 社区,23:38-39.

[150]陈秀山,2003. 从"福特主义"到"后福特主义"——区域经济发展面临的新挑战[J]. 经济理论与经济管理,9:67-71.

[151]陈雅丽,2002. 城市社区发展中的居民参与问题[J]. 科学经济社会,20(3):55-58.

[152]陈宗胜,1999. 改革、发展与收入分配[M]. 上海:复旦大学出版社.

[153]成德宁,2000. 城镇化与经济发展研究[M]. 武汉:武汉大学.

[154]程莉,周宗社,2014. 人口城镇化与经济城镇化的协调与互动关系研究[J]. 理论月刊,1:119-122.

[155]程玉申,周敏,1998. 国外有关城市社区的研究述评[J]. 社会学研究,4:56-63.

[156]仇保兴,2003. 集群结构与我国城镇化的协调发展[J]. 城市规划,27(6):5-10.

[157]仇保兴,2005. 为什么要走资源节约型的城镇化发展道路[J]. 中国建设信息,4:12-16.

[158]仇保兴,2011. 中国的新型城镇化之路[J]. 中国发展观察,2:36-41.

[159]仇保兴,2013. 新型城镇化:从概念到行动[J]. 行政管理改革,5:12-14.

[160]崔茂华,2006. 我国城市社区非营利组织研究[M]. 上海:同济大学.

[161]崔树义,2001. 论社区发展的人本原则[J]. 发展论坛,7:29-31.

[162]戴彦,2005. 传统社区城市化的社会学因素——对磁器口传统社区的探讨[J]. 重庆建筑大学学报,27(3):9-12.

[163]单霁翔,2007. 关于"城市"、"文化"与"城市文化"的思考[J]. 文艺研究,5:35-46.

[164]单菁菁,2008. 社区归属感与社区满意度[J]. 城市问题,3:58-64.

[165]单卓然,黄亚平,2013."新型城镇化"概念内涵、目标内容、规划策略及认知误区解析[J]. 城市规划学刊,2:16-22.

[166]邓伟志,1999a. 关于当前中国的社区发展[J]. 江苏社会科学,6:165-170.

[167]邓伟志,1999b. 社区发展的若干问题[J]. 上海交通大学学报(社会科学版),3:10-18.

[168]丁元竹,2007. 社区与社区建设:理论、实践与方向[J]. 学习与实践,1:16-27.

[169]杜鹰,2001. 我国的城镇化战略及相关政策研究[J]. 中国农村经济,9:4-9.

[170]段丹,徐莉,2002. 城市社区经济的结构功能分析[J]. 湖北社会科学,10:63-64.

[171]樊杰,刘毅,陈田等,2013. 优化我国城镇化空间布局的战略重点与创新思路[J]. 中国科学院院刊,1:20-27.

[172]范柏乃,监志男,2013. 公共管理研究与定量分析方法[M]. 北京:科学出版社.

[173]范虹珏,刘祖云,2014. 中国城镇化空间发展态势研究——基于人口、土地、经济城镇化协调发展的视角[J]. 内蒙古社会科学(汉文版),35(1):95-100.

[174]方创琳,2009. 改革开放 30 年来中国的城市化与城镇发展[J]. 经济地理,29(1):19-25.

[175]方创琳,刘晓丽,蔺雪芹,2008. 中国城市化发展阶段的修正及规律性分析[J]. 干旱区地理,31(4):512-523.

[176]方明,1990. 社区研究述评[J]. 天津社会科学,2,012.

[177]方振邦,2011. 管理学基础[M]. 北京:中国人民大学出版社.

[178]费孝通,2006. 江村经济[M]. 上海:上海人民出版社.

[179]费孝通,2011. 乡土中国(Vol. 2)[M]. 北京:北京出版社.

[180]冯燕,林晨,高莺,1999. 老龄化社会与城市规划——从加强城市社区老年设施建设谈起[J]. 北京规划建设,1:48-50.

[181]凤英华,2008. 社区发展中的居民参与问题研究[M]. 上海:同济大学.

[182]傅超,刘彦随,2013. 我国城镇化和土地利用非农化关系分析及协调发展策略[J]. 经济地理,33(3),47-51.

[183]高辉,张玉坤,2000. 人口城镇化与土地资源的有效节约途径[J]. 新建筑,3:5-7.

[184]高连克,2005. 转型时期中国城市社区经济类型、特征及发展[J]. 吉林师范大学学报(人文社会科学版),33(5):29-32.

[185]戈特迪纳,哈奇森,2011. 新城市社会学[M]. 黄怡,译. 上海:上海译文出版社.

[186]耿金花,高齐圣,张嗣瀛,2007. 基于层次分析法和因子分析的社区满意度评价体系[J]. 系统管理学报,16(6):673-677.

[187]辜胜阻,2007. 城镇化与经济发展热点问题探索[M]. 北京:科学出版社.

[188]谷荣,2007. 中国城市化公共政策研究[M]. 南京:东南大学出版社.

[189]顾朝林,2004. 改革开放以来中国城市化与经济社会发展关系研究[J]. 人文地理,19(2):1-5.

[190]顾朝林,刘佳燕,2013. 城市社会学[M]. 北京:清华大学出版社.

[191]国务院发展研究中心课题组. 2014. 中国新型城镇化[M]. 北京:中国发展出版社.

[192]何彪,吴晓萍,2002. 西方城市社区建设历程及其启示[J]. 城市问题,3:72-79.

[193]何海兵,2003. 我国城市基层社会管理体制的变迁:从单位制、街居制到社区制[J]. 管理世界,6:52-62.

[194]何宇鹏,张同升,2007. 人口流动和中国城镇化的空间分布[J]. 中国劳动经济学,2.

[195]贺妍,2004. 对城市社区居民参与意识的实证调研[J]. 西南民族大学学报(人文社科版),25(9):273-277.

[196]赫希,1990. 城市经济学[M]. 北京:中国社会科学出版社.

[197]侯玉兰,2001. 非营利组织:美国社区建设的主力军——美国非营利组织的调查与思考[J]. 北京行政学院学报,5:13-17.

[198]胡鞍钢,2012. 城市化是今后中国经济发展的主要推动力. 国情报告[M]. 北京:党建读物出版社.

[199]胡德,2014. 权力空间过程与区域经济发展[M]. 南京:东南大学出版社.

[200]胡鸿保,姜振华,2002. 从“社区”的语词历程看一个社会学概念内涵的演化[J]. 学术论坛,5:123-126.

[201]胡伟,2001. 城市规划与社区规划之辨析[J]. 城市规划学刊,1:60-63.

[202]华伟,2000. 单位制向社区制的回归——中国城市基层管理体制50年变迁[J]. 战略与管理,1:86-99.

[203]黄刚,2009. 社会建设与马克思主义社会结构理论创新[J]. 浙江社会科学,4:116-120.

[204]黄锟,鲍显庄,龚晓伟,2013. 新型城镇化:机遇与挑战——“中国新型城镇化论坛”暨全国行政学院系统经济学科2013年年会综述[J]. 国家行政学院学报,4:127-127.

[205]黄晓众,1986. 城乡社区发展与小城镇[J]. 贵州大学学报(社会科学版),4:002.

[206]贾毓慧,2010. 我国城市化的社会经济特点及思考[J]. 中国统计,3:23-24.

[207]姜劲松,林炳耀,2004. 对我国城市社区规划建设理论、方法和制度的思考[J]. 城市规划学刊,3:57-59.

[208]姜晓萍,衡霞,2007. 社区治理中的公民参与[J]. 湖南社会科学,1:24-28.

[209]姜振华,胡鸿保,2002. 社区概念发展的历程[J]. 中国青年政治学院学报,21(4):121-124.

[210]蒋涛,张明皓,2009. 论流动人口融入城市社区的问题和途径[J]. 湖北函授大学学报,22(2):53-54.

[211]焦永利,叶裕民,2014. 中国新型城镇化的改革战略和发展路径[J]. 公共管理与政策评论,1.

[212]克里斯塔勒,1998. 德国南部中心地原理[M]. 王兴中译. 北京:商务印书馆.

[213]蓝石,2011. 社会科学定量研究的变量类型、方法选择及范例解析[M]. 重庆:重庆大学出版社.

[214]蓝志勇,李东泉,2011. 社区发展是社会管理创新与和谐城市建设的重要基础[J]. 中国行政管理,10:71-74.

[215]蓝志勇，张腾，黄衔鸣，2016. 城镇供水安全管理重要政府保障政策研究政策建议稿城镇供水安全保障管理支撑体系研究[M]. 北京：中国人民大学.

[216]李宝库，2000. 关于社区建设的几个问题[J]. 内部文稿，2：9-12.

[217]李兵弟，2004. 关于城乡统筹发展方面的认识与思考[J]. 城市规划，6：9-19.

[218]李东泉，2013. 中国社区发展历程的回顾与展望[J]. 中国行政管理，5.

[219]李东泉，蓝志勇，2012. 中国城市化进程中社区发展的思考[J]. 公共管理学报，9(1)：104-110.

[220]李汉林，王琦，王颖等，1988. 经济发展与社会变迁——转变时期中不同类型城市社区发展的社会学分析城市发展比较研究[M]. 北京：中国社会科学院社会学研究所.

[221]李辉，2003. 中国人口城市化综述[J]. 人口学刊，6：51-58.

[222]李景峰，李金宝，2004. 中国社区发展的历史、现状及问题探析[J]. 长春理工大学学报(社会科学版)，4：65-69.

[223]李克强，2012. 协调推进城镇化是实现现代化的重大战略选择[J]. 行政管理改革，11：4-10.

[224]李莉，2014. 社会工作导论[M]. 北京：中国人民大学出版社.

[225]李强，2006. 从邻里单位到新城市主义社区——美国社区规划模式变迁探究[J]. 世界建筑，7：92-94.

[226]李强，陈宇琳，刘精明，2012. 中国城镇化"推进模式"研究[J]. 中国社会科学，7：82-100.

[227]李婷玉,2001. 社区发展与居民参与[J]. 湖北社会科学,12:69-70.

[228]李卫华,2010. 推进城镇化重塑社会结构[J]. 建设科技,5:18-19.

[229]李文溥,陈永杰,2001. 中国人口城市化水平与结构偏差[J]. 中国人口科学,5:10-18.

[230]李文苑,2007. 环境法上的环境概念探析[J]. 能源与环境,4:67-69.

[231]李晓,2000. 城市化与可持续发展[M]. 北京:科学出版社.

[232]李晓琴,2007. 现代城市社区人口管理的思考[J]. 湖北广播电视大学学报,27(1):71-72.

[233]李秀彬,2009. 对加速城镇化时期土地利用变化核心学术问题的认识[J]. 中国人口:资源与环境,19(5):1-5.

[234]李秀敏,赵晓旭,朱艳艳,2007. 中国东、中、西部城镇化对经济增长的贡献[J]. 重庆工商大学学报(西部论坛),17(1):69-73.

[235]李忠,2005. 城镇化和土地制度问题研究[J]. 经济研究参考,48:13-23.

[236]梁维平,李虹,1991. 社区的发展历程与当代实践[J]. 社会学研究,3:9-15.

[237]林凤祥,2003. 城市社区经济的相关理论考察[J]. 福建论坛(经济社会版),12:13-16.

[238]林聚任,2009. 社会网络分析:理论,方法与应用[M]. 北京:北京师范大学出版社.

[239]林毅夫,2002. 中国的城市发展与农村现代化[J]. 北京大学学报(哲学社会科学版),4:12-15.

[240]蔺雪芹,王岱,任旺兵,等,2013. 中国城镇化对经济发展的作用机制[J]. 地理研究,32(4):691-700.

[241]刘海平,2012. 新型城镇化内涵探析[J]. 决策探索月刊,14:31-32.

[242]刘佳燕,2014. 关系·网络·邻里——城市社区社会网络研究评述与展望[J]. 城市规划,2:91-96.

[243]刘金发,2014. 城镇化与社会管理:从"双传统"到"双新型"的动态关系演进[J]. 中共天津市委党校学报,2:64-70.

[244]刘君德,张玉枝,1995. 上海浦东新区行政区——社区体系及其发展研究(上)[J]. 城乡建设,9:006.

[245]刘君德,张玉枝,1997. 论浦东新区的社区分化——整合运动的特征及其发展趋势[J]. 人文地理,4:5-8.

[246]刘娴静,2004. 重构城市社区——以治理理论为分析范式[J]. 社会主义研究,1:98-99.

[247]刘晓丽,方创琳,王发曾,2008. 中原城市群的空间组合特征与整合模式[J]. 地理研究,27(2):409-420.

[248]刘彦随,杨忍,2012. 中国县域城镇化的空间特征与形成机理[J]. 地理学报,67(8):1011-1020.

[249]刘易斯,2009. 经济增长理论[M]. 北京:商务印书馆.

[250]刘长运,刘哲,2013. 景区依附型旅游小企业"社区型"发展模式探讨——以重渡沟景区为例[J]. 经济地理,33(10):188-192.

[251]刘镇,2013. 让城镇化成为经济转型与实现小康社会目标的重要载体[J]. 江西财经大学学报,1:9-10.

[252]陆大道,2007. 我国的城镇化进程与空间扩张[J]. 城市规划学刊,10:14-17.

[253]陆大道,2013. 地理学关于城镇化领域的研究内容框架[J]. 地理科学,8:897-901.

[254]陆大道,姚士谋,李国平,等,2007. 基于我国国情的城镇化过程综合分析[J]. 经济地理,27(06):883-887.

[255]罗西瑙,2001. 没有政府的治理[M]. 南昌:江西人民出版社.

[256]马凯,2012. 转变城镇化发展方式提高城镇化发展质量走出一条中国特色城镇化道路[J]. 国家行政学院学报,5:4-12.

[257]马克思,1976. 政治经济学批判[M]. 北京:人民出版社.

[258]毛军权,2010. 基于政府视角的社区民间组织发展瓶颈问题及其对策[J]. 经济体制改革,2:170-173.

[259]毛寿龙,2004. 中国政府体制改革的过去与未来[J]. 江苏行政学院学报,2:87-92.

[260]民政部,2001. 中共中央办公厅,国务院办公厅关于转发《民政部关于在全国推进城市社区建设的意见》的通知.

[261]倪鹏飞,2013. 新型城镇化的基本模式、具体路径与推进对策[J]. 江海学刊,1:87-94.

[262]帕克,2012. 城市社会学[M]. 宋俊岭,等译. 北京:商务印书馆.

[263]潘泽泉,2008. 论发展的可能性与条件——以政府为行动主体的社区建设发展走向[J]. 探索与争鸣,12:37-40.

[264]齐骥,2014. 新型城镇化背景下文化发展的维度与路径[J]. 城市发展研究,21(3):15-20.

[265]钱平凡,2003. 我国产业集群的发展状况、特点与问题[J]. 经济理论与经济管理,12:26-31.

[266]秦晖,2000. 共同体、社会、大共同体:评滕尼斯《共同体与社会》[J]. 书屋,2:57-59.

[267]秦佳,李建民,2013. 中国人口城镇化的空间差异与影响因素[J]. 人口研究,2:25-40.

[268]秦瑞英,周锐波,2011. 国内外城市社区分异及类型研究综述[J]. 规划师,27(z1):216-221.

[269]曲韵畅,申婕,2014. 人文地理学视域下的中国城镇化[J]. 重庆与世界(学术版),12:58-60.

[270]山田浩之,孙继文,1983. 美国的城市问题与城市经济学[J]. 城市问题,3:56-59.

[271]山田浩之,鱼金涛,1983. 城市经济学的对象与任务[J]. 外国经济与管理,2:1-4.

[272]申晓英,2004. 城市化与社会变迁——以19世纪至一战前的德国为例[J]. 德国研究,19(2):32-36.

[273]沈坤荣,蒋锐,2007. 中国城市化对经济增长影响机制的实证研究[J]. 统计研究,24(6):9-15.

[274]宋金田,朱静,2006. 城镇化与经济发展水平相关性分析——以四川省为例[J]. 安徽农业科学,34(9):2007-2008.

[275]隋广军,盖翊中,2002. 城市社区社会资本及其测量[J]. 学术研

究,7:21-23.

[276]孙祁祥,王向楠,韩文龙,2013. 城镇化对经济增长作用的再审视——基于经济学文献的分析[J]. 经济学动态,11:20-28.

[277]孙中和,2001. 中国城市化基本内涵与动力机制研究[J]. 财经问题研究,11:38-43.

[278]唐亚林,2013. 城镇化发展的价值取向与农村居民生活意义世界的建构[J]. 学术界,3:14-21.

[279]唐卓,2004. 我国城市社区社会参与的现状问题分析[J]. 求实,4:56-59.

[280]汪绪永,2004. 社会结构理论及其方法论意义[J]. 黄冈师范学院学报,24(5):26-30.

[281]王发曾,2011. 新型城镇化:城镇化研究的核心问题[J]. 中国地理学会 2011 年学术年会.

[282]王建军,吴志强,2009. 城镇化发展阶段划分[J]. 地理学报,64(2):177-188.

[283]王金营,2003. 经济发展中人口城市化与经济增长相关分析比较研究[J]. 中国人口资源与环境,13(5):52-58.

[284]王开泳,陈田,董玛力,2008. 我国中部地区人口城镇化的空间格局[J]. 经济地理,28(3):353-356.

[285]王克忠,2006. 论中国特色城镇化发展战略[J]. 全球化与中国经济创新·发展·安全——上海市社会科学界第四届学术年会文集(2006 年度)(经济·管理学科卷).

[286]王思斌,2000. 体制改革中的城市社区建设的理论分析[J]. 北京

大学学报(哲学社会科学版),5.

[287]王文元,2000. 妨碍中国社区发展的若干因素——兼论现代与传统的关系[J]. 城市问题,3.

[288]王小章,冯婷,2004. 城市居民的社区参与意愿——对 H 市的一项问卷调查分析[J]. 浙江社会科学,4:99-105.

[289]王新文,2002. 可持续发展的城市社区:涵义、模式与趋势——兼论城市政府社会管理职能的转变[J]. 东岳论丛,23(6):39-41.

[290]王颖,2000. 城市社区的社会构成机制变迁及其影响[J]. 规划师,1.

[291]王颖,2002. 上海城市社区实证研究——社区类型、区位结构及变化趋势[J]. 城市规划学刊,6:33-40.

[292]王玉宝,吴先举,2007. 社会资本的缺失与重构[J]. 山东科技大学学报(社会科学版),1:52-55.

[293]韦伯,1997. 工业区位论[M]. 北京:商务印书馆.

[294]魏明,2015. 城市现代化视阈下的社区建设与发展问题研究——以唐山为例[M]. 北京:中国人民大学.

[295]魏娜,2003. 我国城市社区治理模式:发展演变与制度创新[J]. 中国人民大学学报,17(1):135-140.

[296]温铁军,2000. 我国的"城镇化"道路与相关制度问题[J]. 开放导报,9:31-38.

[297]文军,1998. 社区发展及其在我国的现实意义[J]. 岭南学刊,2:38-41.

[298]文军,2000. 城市社区经济[J]. 社会,1:47-48.

[299]吴缚龙,1992. 中国城市社区的类型及其特质[J]. 城市问题,5:24-27.

[300]吴九占,2003. 论城镇化与社会结构调整[J]. 广州大学学报(社会科学版),2(4):38-40.

[301]吴启焰,崔功豪,1999. 南京市居住空间分异特征及其形成机制[J]. 城市规划,12:23-26.

[302]吴一洲,王琳,2012. 我国城镇化的空间绩效:分析框架、现实困境与优化路径[J]. 规划师,28(9):65-70.

[303]吴银豪,2014. 第十二届全国区域经济学学科建设年会暨新型城镇化与区域经济发展学术研讨会在安徽召开[J]. 区域经济评论,1:161-161.

[304]武松,潘发明,2014. SPSS 统计分析大全[M]. 北京:清华大学出版社.

[305]习近平,2015. 中央城市工作会议精神[M]. 北京:中共中央.

[306]夏建中,2002. 城市社区基层社会管理组织的变革及其主要原因——建造新的城市社会管理和控制的模式[J]. 江苏社会科学,1:165-171.

[307]夏学銮,2001. 社区发展的理念探讨[J]. 北京行政学院学报,2001(4):50-54.

[308]夏学銮,2002. 中国社区建设的理论架构探讨[J]. 北京大学学报(哲学社会科学版),39(1):126-134.

[309]夏学銮,2003. 中国社区发展的战略和策略[J]. 唯实,10:69-72.

[310]肖冰钰,2013. 新型城镇化推动社区转型[J]. 中国建设教育,2.

[311]肖周燕,2010. 人口迁移势能转化的理论假说——对人口迁移推—拉理论的重释[J]. 人口与经济,6:77-83.

[312]谢富胜,2007. 资本主义的劳动过程:从福特主义向后福特主义转变[J]. 中国人民大学学报,2:64-70.

[313]徐辉,2005. 社区参与:社区发展的动力[J]. 长春市委党校学报,5:64-65.

[314]徐晓军,2000. 论我国社区的阶层化趋势[J]. 社会科学,2.

[315]徐晓燕,2011. 城市社区配套设施微区位布局研究[J]. 规划师,27(12):62-66.

[316]徐晓燕,叶鹏,2010. 城市社区设施的自足性与区位性关系研究[J]. 城市问题,3:62-66.

[317]徐学初,2012. 在城镇化背景下深入推进社会管理创新[J]. 青海统计,8:20-25.

[318]徐一大,吴明伟,2002. 从住区规划到社区规划[J]. 城市规划学刊,4:54-55.

[319]徐勇,2001. 论城市社区建设中的社区居民自治[J]. 华中师范大学学报(人文社会科学版),40(3):5-13.

[320]徐振强,2014. 服务新型城镇化探讨我国城市科学学科(群)的发展演进(1984—2014)[J]. 中国名城,10:20-24.

[321]徐中振,徐珂,2004. 走向社区治理[J]. 上海行政学院学报,1:66-72.

[322]许学强,周素红,2003. 20世纪80年代以来我国城市地理学研究的回顾与展望[J]. 经济地理,23(4):433-440.

[323]杨敏,2007. 作为国家治理单元的社区——对城市社区建设运动过程中居民社区参与和社区认知的个案研究[J]. 社会学研究,4:137-164.

[324]杨庆堃,1980. 都市社区结构与科学技术发展的关系[J]. 社会科学辑刊,6:002.

[325]杨瑞龙,2005. 中国经济发展研究报告(2005)——城乡统筹发展的中国[M]. 北京:中国人民大学出版社.

[326]杨章贤,刘继生,2002. 城市文化与我国城市文化建设的思考[J]. 人文地理,17(4):25-28.

[327]姚士谋,2010. 中国城镇化及其资源环境基础[M]. 北京:科学出版社.

[328]姚士谋,张平宇,余成等,2014. 中国新型城镇化理论与实践问题[J]. 地理科学,6(6):641-647.

[329]叶连松,2009. 新型工业化与城镇化[M]. 北京:中国经济出版社.

[330]叶裕民,2001. 中国城市化之路:经济支持与制度创新[M]. 北京:商务印书馆.

[331]易宏伟,1986. 城市社区环境与精神文明建设[J]. 城市问题,1:16-21.

[332]于燕燕,2000. 非营利组织与社区发展[J]. 现代城市研究,1.

[333]于燕燕,2003. 城市社区的界定及类型[J]. 人口与计划生育,8.

[334]余方镇,2005. 城镇化与土地资源集约利用研究[J]. 开发研究,2:80-82.

[335]岳经纶,庄文嘉,方丽卿,2013. 城市化、社会政策创新与地域社会公民身份建构——基于东莞市的案例研究[J]. 国际社会科学杂志(中文

版),4:48-56.

[336]张迪,郭文华,2010. 城镇化对土地利用的影响浅析[J]. 国土资源情报,5:43-47.

[337]张更立,2004. 走向三方合作的伙伴关系:西方城市更新政策的演变及其对中国的启示[J]. 城市发展研究,11(4):26-32.

[338]张鸿雁,2002. 论当代中国城市社区分异与变迁的现状及发展趋势[J]. 规划师,18(8):5-8.

[339]张鸿雁,2005. 城市空间的社会与"城市文化资本"论——城市公共空间市民属性研究[J]. 城市问题,5:2-8.

[340]张杰,1999. 论以社区为基础的城市小规模改造[J]. 城市规划学刊,3:64-66.

[341]张锦秋,2005. 城市文化环境的营造[J]. 建筑创作,21(1):73-75.

[342]张立荣,李莉,2001. 当代中国城市社区组织管理体制;模式分析与改革探索[J]. 华中师范大学学报(人文社会科学版),40(3):14-19.

[343]张守文,2004. 经济法理论的重构[M]. 北京:人民出版社.

[344]张维宸,2013. 新型城镇化下资源型城市转型的机遇与挑战[J]. 商业时代,31:13-14.

[345]张永理,2014. 社区治理[M]. 北京:北京大学出版社.

[346]张占斌,2013. 新型城镇化的战略意义和改革难题[J]. 国家行政学院学报,1:48-54.

[347]赵孟营,王思斌,2001. 走向善治与重建社会资本——中国城市社区建设目标模式的理论分析[J]. 江苏社会科学,4:126-130.

[348]赵民,赵蔚,2006. 关注城市规划的社会性——兼论城市社区发展规划[J]. 上海城市规划,6:8-11.

[349]赵瑞政,2002. 我国城镇化与社区建设新探[J]. 黑龙江社会科学,2:30-32.

[350]郑杭生,2009. 改革开放三十年:社会发展理论和社会转型理论[J]. 中国社会科学,2:10-19.

[351]中共中央办公厅,国务院办公厅,2000. 关于转发《民政部关于在全国推进城市社区建设的意见》的通知[EB/OL].

[352]中国建筑工业出版社,1999. 城市规划基本术语标准:GB/T 50280—98——中华人民共和国国家标准[M]. 北京:中国建筑工业出版社.

[353]中国社会科学院科研局,2014. 国际问题前沿研究报告世界经济政治与亚太地区 2010—2012[M]. 北京:中国社会科学出版社.

[354]中华人民共和国国家统计局,2016. 统计数据-年度数据[DB/OL].

[355]周洪宇,2003. 发达国家的社区建设及其启示[J]. 华中师范大学学报(人文社会科学版),42(1):20-26.

[356]周伟林,郝前进,王晓岚,2011. 转型期国家城市化的社会问题与社会建设[J]. 上海城市管理,20(4):36-39.

[357]周小萍,2004. 上海城市社区人口信息资源整合研究[C]//人口与可持续发展战略国际研讨会. 人口与可持续发展战略国际研讨会论文集. 上海:中国人口学会上海市人口与计划生育委员会:481-488.

[357]周训芳,2002. 环境概念与环境法对环境概念的选择[J]. 安徽工业大学学报(社会科学版),19(5):11-13.

[358]周一星,1984a. 城市发展战略要有阶段论观点[J]. 地理学报,4.

[359]周一星,1984b. 关于我国城镇化的几个问题[J]. 经济地理,2:116-123.

[360]周一星,1995. 城市地理学[M]. 北京:商务印书馆.

[361]周一星,2006. 关于中国城镇化速度的思考[J]. 城市规划,S1:32-35.

[362]朱传耿,孙姗姗,李志江,2008. 中国人口城市化的影响要素与空间格局[J]. 地理研究,27(1):13-22.

[363]朱丽萌,2006. 环鄱阳湖地区县域人口、城镇化与经济可持续发展的协同思考[J]. 当代财经,8:84-89.

[364]朱勍,2014. 简明城市规划原理[M]. 上海:同济大学出版社.

[365]邹晓燕,2002. 济南市城市社区类型划分及管理模式研究[D]济南:山东师范大学.

[366]吴敬琏. 中国经济转型 20 年困局何在? [J]. 财经界, 2015(13):52-56.

[367]林毅夫. 中国的城市发展与农村现代化[J]. 北京大学学报:哲学社会科学版, 2002(4):12-15.

[368]吴敬琏. 新型城镇化不可恋"旧"[J]. 甘肃理论学刊, 2014(2):13-13.

附　录

中国新型城镇化过程中社区发展战略研究调查问卷

社区编号________　　问卷编号________

尊敬的受访者：

您好！我们是中国人民大学公共治理与和谐城市研究中心的工作人员，正在进行城市社区发展战略研究的调查研究，恳请您填写这份问卷。本问卷实行匿名制，所有数据仅用于统计分析和学术研究。所有题目选项没有对错之分，请您根据自己的实际情况和感受填写。非常感谢。

一、基本信息

A1	您的性别是：	①女	②男
A2	您的年龄是：	________岁	
A3	您是否为本市户籍居民	①是	②否
A4	您的受教育水平是：	①初中及初中以下	②高中
		③大学专科、本科	④硕士及硕士以上
A5	您的职业类型是：	①国家机关工作人员	②事业单位工作人员
		③国有企业工作人员	④外企和私企工作人员
		⑤个体经营者	⑥离休、退休人员
		⑦无业、失业人员	
A6	您的月收入约为：	①3 000 元及以下	②3 000~5 000 元
		③5 000~8 000 元	④8 000 元及以上
A7	与您共同居住的家庭成员数为：		________人

A8 您以何种居住状态在该社区居住？

①自购房 ②自建房 ③租住私房

④租住公房 ⑤借住房 ⑥其他

二、社区现状认知情况

B1 您已居住在现在的社区多长时间：________年

B2 您知道您所在社区居委会主任是谁吗？ ①知道 ②不知道

B3 您最近一年去社区居委会办过事吗？ ①办过 ②没办过

B4 您最近一年参与过社区组织的活动吗？ ①参加过 ②没参加过

B5 您日常通勤时间(从家到单位/学校)大约是多久？________小时

三、社区发展水平

以下试题，请根据您的实际感受，选取最符合的一项(请在方格内画√)

	非常同意	同意	一般	不同意	非常不同意
C1 我觉我是社区的一员					
C2 我和大多数社区成员有相近的价值观					
C3 我愿意为社区做出力所能及的贡献					
C4 生活在这个社区使我感觉很好					
C5 我的社区有明显的建筑标识					
C6 我克服了不少困难，才成为这个社区的成员					
C7 生活在这个社区内我感觉很骄傲					
C8 我们社区成员之间会互相关心					
C9 我在近五年之内不愿意离开我们的社区					
C10 当我遇到问题时，我愿意并且能够在社区寻求帮助					
C11 我的社区有良好的学习资源、环境和氛围					
C12 我的社区的领导重视学习活动，是我们学习的榜样					
C13 我的社区经常开展知识讲座、展览等学习型活动					

	非常同意	同意	一般	不同意	非常不同意
C14 我的社区会根据现实情况和发展趋势来调整工作					
C15 我的社区有开展学习和创新活动的专门团队					
C16 我的社区内有许多成员会参加到学习活动					
C17 参加社区组织的学习活动,使我有不少收获					
C18 我的社区在管理的策略和工具上有所创新					
C19 我的社区管理近几年来有明显的进步					
C20 我愿意参与或配合社区的创新管理活动					
C21 我的社区出现问题时会组织大家商议解决					
C22 我的社区自我宣传效果很好					
C23 我的社区经常与周边社区进行互动					
C24 我的社区能及时开展上级部门要求的活动和工作					
C25 我的社区会向我们公开工作计划、内容和预算					
C26 社区工作人员的选拔公开透明,能够反映居民愿望					
C27 我的社区安保严格,使我觉得安全					
C28 我的社区能够满足我的基本医疗保健需求					
C29 我的社区能够满足我的日常生活消费需求					
C30 我的社区能够满足我的文化娱乐需求					
C31 我的社区绿化情况很好,我很满意					
C32 我的社区没有特别吵的噪音,日常生活不受影响					
C33 我的社区整体上是美观的、漂亮的					
C34 我的社区环境整洁、卫生打扫及时					
C35 我的社区居民愿意保持社区卫生和绿化状况					
C36 我的社区有便利的交通条件,我的对外通勤很方便					
C37 我的社区有宽敞的公共活动空间					
C38 新的成员融入我的社区很容易					
C39 我的社区信息发布及时、通畅					
C40 居民可以发表对社区管理和服务的期望与意见					

C41　请您给您的社区发展水平在 1~5 期间打分，其中 1 为非常不满意，5 为非常满意。

四、意见与建议

D1　请您为您社区发展提供一些建议：

____

____

____

感谢您的回答，本问卷到此结束。